HAZ
POSIBLE
LO IMPOSIBLE

Dirección editorial: Marcela Luza
Edición: Gonzalo Marín y Carolina Genovese
Colaboración editorial: Ilah De La Torre
Coordinación de diseño: Marianela Acuña
Diseño: Cecilia Aranda
Foto de tapa: Heriberto Acosta

© 2015 Omar Villalobos
© 2018 Vergara y Riba Editoras, S. A. de C. V.
www.vreditoras.com

México:
Dakota 274, Colonia Nápoles
C. P. 03810, Del. Benito Juárez, Ciudad de México
Tel./fax: (5255) 5220–6620/6621 • 01800–543–4995
e-mail: editoras@vergarariba.com.mx

Argentina:
San Martín 969, piso 10 (C1004AAS), Buenos Aires
Tel./fax: (54-11) 5352-9444 y rotativas
e-mail: editorial@vreditoras.com

Primera edición: agosto de 2018

ISBN: 978-607-7547-98-3

Impreso en México en los talleres de Litográfica Ingramex, S. A. de C. V.
Centeno No. 162-1, Col. Granjas Esmeralda, C. P. 09810
Delegación Iztapalapa, Ciudad de México.

HAZ
POSIBLE
LO IMPOSIBLE

OMAR VILLALOBOS

V&R
EDITORAS

ÍNDICE

CAPÍTULO 2
APRENDE A DECIR SÍ: ES POSIBLE LO IMPOSIBLE **68**

CAPÍTULO 3
CÓMO DESARROLLAR TU GENIALIDAD **118**

CAPÍTULO 4
HAZ POSIBLE TU PROYECTO DE VIDA **162**

EPÍLOGO **211**

INTRODUCCIÓN

¿Alguna vez has pensado por qué Beethoven, Leonardo da Vinci o Steve Jobs fueron grandes genios y tú no? ¿Cuál fue su gran secreto para conseguir las vidas que tuvieron? ¿Me creerías si te dijera que no se convirtieron en figuras tan destacadas para la humanidad porque bebieron una poción mágica que les otorgó energía sobrehumana, sino por una capacidad que tú, yo y todos los seres humanos tenemos?

La capacidad de creer que todo era posible fue su gran secreto. Es decir, el método de la posibilidad absoluta.

La buena noticia es que esta capacidad todos la llevamos dentro. Para desarrollarla, tu proyecto de vida debe ser más grande que cualquier otra cosa y debe ir más allá de tus ambiciones inmediatas. ASÍ NACEN LAS GRANDES IDEAS Y ASÍ NACEN LOS GRANDES GENIOS. TÚ PUEDES SER UNO DE ELLOS y para eso he escrito este libro.

Solemos frenar nuestros sueños por miedo al fracaso y esto es terrible. Es una verdadera pena que el ser humano le tenga tanto temor a equivocarse, cuando no existe otra forma de crecer sino a través de las experiencias. No hay otra forma de alcanzar nuestras metas sino a través de la prueba y el error. Pero por miedo ni siquiera lo intentamos y, lo que es peor, por miedo no tenemos la vida que queremos.

Por ello, quiero prometerte, en este preciso momento, que cuando termines de leer este libro habrás sembrado en tu cerebro nuevas creencias, ideas, pensamientos y estructuras mentales que te van a ayudar a hacer posible lo imposible. Aprenderás a diseñar tu vida como tú la quieres y a utilizar a tu favor tu inconsciente para realizar cualquier cosa que te propongas. Te garantizo, querido lector, que, después de aprender a utilizar el método de la posibilidad absoluta, no te arrepentirás de haber emprendido este viaje juntos.

Pero antes debo advertirte algo: no creas en pociones mágicas. Aquí no hay atajos. Así que no pienses que hacer posible lo imposible vendrá fácilmente. Necesitas comprometerte contigo mismo, estar abierto a conocer nuevas formas de realizar tus sueños y, sobre todo, creer con total convicción que puedes hacer posible la vida que siempre has querido, aun cuando hayas pensado que era inalcanzable.

Este libro te ayudará a descubrir tu voz interna. Dejarás de prestarle atención al qué dirán y, por consiguiente, dejarás de perder ENERGÍA VALIOSA y necesaria para hacerte cargo de tu proyecto de vida. Mi propósito es conducirte para formar una nueva identidad psicológica en ti, una que involucre a tu pensamiento propio y no el de los demás. ¿Por qué? Porque es uno de tus grandes poderes y derechos. Porque nadie debe meterse en tu mente y controlarla. Nadie puede decirte quién eres, qué pensar, qué creer, qué decir o sentir. Esa es tu elección, tu derecho y tu virtud como ser humano.

Querida amiga, querido amigo, me encanta que tengas en tus manos *Haz posible lo imposible*. El método de la absoluta posibilidad, el mismo que utilizaron los grandes genios de la historia, te ayudará a experimentar una de las más grandes satisfacciones: SER Y HACER LO QUE DESEAS Y AMAS. Pero también te ayudará a trascender en la vida como un mejor ser humano, porque la verdadera transformación no es material ni física, es interna e ideológica.

Con *Haz posible lo imposible* vas a aprender cómo un sueño gigante se puede dividir en pequeñas metas para poder concretarlo y cómo interpretar el mundo a tu favor. Además, leerás continuamente que es posible lo imposible, ya que esta frase la he sembrado estratégicamente en varios lugares del texto. ¿Con qué finalidad? Porque preciso generar una impronta en tu cerebro para que esta creencia se vuelva parte de tu vocabulario, de tu cotidianeidad y de tu manera de ver la vida. Cada idea que expongo en estas páginas, cada ejemplo que uso y cada palabra que empleo tienen el firme propósito de ayudarte a construir a una persona extraordinaria, a una mejor versión de ti mismo. Esa que siempre quisiste ser.

Sí, puedes reprogramar tu cerebro y explotar la genialidad que llevas dentro. Sí, eres capaz de tener la vida que siempre has anhelado y que también te mereces. Sí, eres capaz de hacer lo imposible. Y ahora, solo me resta preguntarte: ¿quieres hacer realidad tus sueños? ¿Quieres elevar tu vida al siguiente nivel? ENTONCES, ¡ACOMPÁÑAME!

CAPÍTULO 1

CREO QUE TODOS LOS SERES HUMANOS, DESDE EL PUNTO DE VISTA PSICOLÓGICO, SOMOS IGUALES. PERO ¿POR QUÉ SI QUÍMICAMENTE ESTAMOS HECHOS TODOS DE OXÍGENO, CARBONO, HIDRÓGENO, NITRÓGENO, ETC., HAY QUIENES CONSIGUEN LO QUE SE PROPONEN Y OTROS NO? ¿SUERTE, INTELIGENCIA, DONES, DESTINO?

STEPHEN HAWKING
VERSUS TODA PREDICCIÓN

Cuando buscaba los métodos que me ayudaran a encontrar soluciones prácticas para conseguir mis logros, hallé las mismas respuestas de siempre. Así que decidí estudiar por mi cuenta las biografías de aquellos grandes genios de la humanidad: sus infancias, sus deseos, miedos, obstáculos, creencias y resultados. En el proceso descubrí algo que me cambió la vida: EL CÓDIGO DE LA GENIALIDAD SE ENCUENTRA DENTRO DE TODOS NOSOTROS EN CIERTOS PATRONES, HÁBITOS Y CONDUCTAS.

Sin embargo, también reparé en algo terrible. Todo el tiempo nos escudamos al decir: "Salvador

Dalí fue un extraordinario pintor porque era un genio"; "Mozart fue uno de los grandes compositores de música clásica de todos los tiempos porque era un genio". Pero ¿se dan cuenta? Todas son excusas para no sentirnos inferiores a ellos y, ¡aún peor!, para JUSTIFICAR que somos pasivos ante nuestra propia vida. ¿Y si así hubieran pensado todos esos genios que han cambiado la historia? Estaríamos estancados como humanidad, ciegos e ignorantes. Quizá no existirían todos los avances científicos que conocemos ahora y con los que, por ejemplo, tenemos una esperanza de vida mayor que nuestros bisabuelos.

Admiramos como sociedad a aquellos escritores, deportistas, empresarios, matemáticos o pintores que han sido extraordinarios y han dejado huella. Y ahí se queda nuestra participación: solo en contemplarlos a la distancia. Pero, sinceramente, ¿alguna vez te has preguntado qué han hecho ellos que tú no? Quizá han realizado cosas distintas a ti, pero también cabe la posibilidad de que no sean tantas y nos estemos generando ideas erróneas en nuestra cabeza acerca de ellos.

Pero mejor voy a cambiarte esa pregunta por una totalmente distinta: ¿NO SE TE HA CRUZADO POR LA MENTE QUÉ HARÍAS SI ALGUNA VEZ LOS DOCTORES TE DIJERAN QUE PRONTO VAS A MORIR Y QUE TODO LO QUE IMAGINABAS NO PODRÁS HACERLO? Tal vez estés pensando en este momento: "Qué exagerado, Omar, si me acaban de revisar y mi salud está en perfectas condiciones... Eso no me va a pasar a mí". Pues seguramente lo mismo pensó el científico británico Stephen Hawking, famoso divulgador de temas como los agujeros negros, el origen y el posible destino del universo, cuando le diagnosticaron esclerosis lateral amiotrófica (ELA), un tipo de enfermedad del sistema nervioso que debilita los músculos y afecta las funciones físicas hasta el punto en que va dejando discapacitada a la persona. Su vida se cuenta en la película *La teoría del todo*, que se estrenó en 2014.

Hawking sorprendió a los médicos y al mundo. No solo por sus aportes a la ciencia, sino también porque, cuando le detectaron la enfermedad a los 21, le dijeron que quizá viviría de dos a tres años máximo, que es el tiempo de supervivencia que se da para esos casos. Lo grandioso de su historia es que, contra todo pronóstico, siguió descubriendo maravillas del universo hasta el final de su vida, a los 76 años.

> SOMOS PASIVOS ANTE NUESTRA PROPIA VIDA.

La forma en la que enfrentó su padecimiento no es el único ejemplo para seguir que nos delegó, sino que, lo importante y que quiero que percibas claramente, es que Hawking no tenía en su infancia esos dones que crees que hacen únicos a los genios. En realidad, como estudiante, le atraían la física y las matemáticas, pero no hubo nada que lo hiciera sobresalir ni en la escuela ni en sus primeros años en la Universidad de Oxford. Así es, no era el clásico niño del que todos se sorprenden y dicen: "Claro, cómo no iba a ser un genio si desde pequeño ya se le veía". Al contrario, apenas empezaba su carrera cuando le dijeron que padecía ELA y aún no había aportado mucho a la ciencia.

Fue en las peores circunstancias en las que se demostró que ninguna predicción iba a marcar su destino, ya que a lo largo de su carrera siempre encontró las formas de comunicarle al mundo sus descubrimientos. Su enfermedad le dio una visión única de la vida. SUPERÓ LOS LÍMITES DE SU DISCAPACIDAD ENTRENANDO LA MENTE PARA QUE FUNCIONARA DE OTRA MANERA. Además, después de un problema respiratorio, los doctores tuvieron que hacerle una operación que lo dejó sin la capacidad de hablar, por lo que más tarde sus amigos le tuvieron que ayudar a usar un aparato de voz que le permitió comunicarse. Uno de los primeros deseos que expresó cuando aprendió a manejar el aparato fue que alguien le ayudara a completar un nuevo libro en el que había estado trabajando. ¡¿Te imaginas?! Él quería trabajar, dejando de lado cualquier pensamiento negativo que pudiera sabotearlo o alejarlo de su labor.

Así continuó durante años, en busca de una teoría que describiera nuestro universo y, a pesar de su padecimiento, popularizó la ciencia como pocos, transmitiéndole sus ideas a millones de personas. Nunca se dio por vencido e hizo posible lo que muchos creyeron imposible.

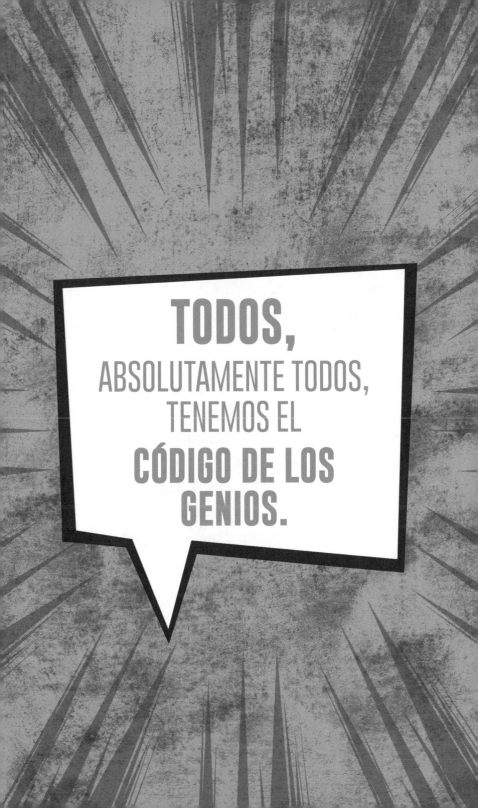

Pero si Hawking no era un niño prodigio como Mozart, ni tuvo las condiciones físicas que la mayoría tenemos, ¿CÓMO CONSIGUIÓ CONCRETAR CADA UNA DE SUS METAS Y SUS SUEÑOS? Sin duda, era un hombre inteligente, pero la verdad es que "suertudo", pues no tanto. Su gran suerte, eso sí, fue estar vivo: la misma gran suerte que tienes tú y que tenemos todos los seres humanos. Entonces, ¿cómo alguien con su tipo de enfermedad no solo creó nuevas teorías sobre el universo, sino también se casó dos veces, tuvo tres hijos y produjo hasta el final de sus días avances en sus investigaciones, además de publicar varios libros? ¡¿Cómo?!

Para entenderlo, necesito que te detengas un momento. Imagina qué hubieras hecho tú en una situación así. Y, por favor, evita usar excusas como: "Bueno, pero él era un genio". No, querido lector, conforme vayas avanzando en este libro te darás cuenta de que ninguno de esos argumentos es válido.

Reflexiona sobre lo que te digo. Sé que no es nada sencillo, pero haz el esfuerzo. Visualiza una circunstancia así de difícil en tu vida. Tómate un minuto para pensarlo. ¿Listo? Ahora contesta la siguiente pregunta: ¿cómo te ves superándola? Aunque la imagen es difícil y lo que menos deseo es deprimirte, quiero que sepas por qué te estoy llevando hacia este extremo: para demostrarte que no hay que esperar a estar en una situación adversa para tener la vida que queremos. No hay que ser espectadores de ella. Necesitamos actuar, movernos y estar dispuestos a TRANSFORMARNOS. Todos, absolutamente todos, tenemos el código de los genios dentro. Tú eres capaz de cambiar y de construir a una mejor persona dentro de ti, que consiga visualizar sus sueños y materializarlos, que logre explotar su propia genialidad y tener la vida que anhela. ¿De qué forma? Para eso escribí este libro. Sigue leyéndolo y encontrarás ayuda para conseguir tus metas y tu proyecto de vida. Pero no estarás solo. Te acompañaré y enseñaré a hacer posible lo imposible, pese a cualquier situación, pese a cualquier dificultad. ¡Empecemos!

NO HAY PRETEXTO QUE VALGA

El aprendizaje debe ser vivencial, si únicamente es racional, llega un momento en que el cuerpo se cansa, no nos es posible asimilar lo que estamos intentando comprender y los conocimientos se quedan nada más en la teoría. Porque cuando el cuerpo se cansa, el cerebro se atonta. Por ello, todo lo que veamos aquí deberás aplicarlo en tu vida diaria. No te asustes: yo te ayudaré a que lo consigas, pero necesito que te comprometas conmigo a hacerlo, a abrirte a lo que te voy a contar a lo largo de estas páginas y a que creas realmente que puedes ser esa persona que siempre has soñado. Esa persona en la que quieres convertirte. Para empezar, NECESITO QUE ROMPAS CON LOS MITOS SOBRE LA GENIALIDAD. La gente piensa que todos los genios tienen dones: ¡error! No es así, su éxito se debe a varios factores. Pero ni los dones, ni la suerte, ni el destino, ni tampoco una fuerza mágica súper poderosa del más allá les han ayudado a alcanzar sus logros. Nada de eso es cierto. Solemos idealizar a los genios, creemos que son perfectos, que no se equivocan, que no son como nosotros, que casi ni sienten deseos de ir al baño. Los ponemos en un lugar inaccesible porque pensamos que son únicos. Estos mitos nos hacen creer que somos simples mortales sin una pizca de genialidad. No obstante, conseguir lo que quieres en la vida no depende de ninguna fuerza externa. Todo lo contrario, depende de una fuerza, sí, y que es inmensa, pero que proviene de ti mismo, de tu grandeza interior y de tu mente.

> PUEDES SER ESA PERSONA QUE SIEMPRE HAS SOÑADO.

¿No lo crees? ¿Tú piensas que yo desde pequeño era un gran orador, un niño extrovertido, que a todos hacía reír y que me daba a entender con toda la facilidad del mundo? Pues no, para nada. A los 14 años era tartamudo. Después de la separación de mis padres, desarrollé un mecanismo psicológico de defensa y empecé a tartamudear. La agresión entre ellos me afectó, me bloqueé, y lo manifesté por medio de esa dificultad del habla. Un día, cuando ya sabía qué quería ser cuando fuera grande, me acerqué a mi mamá y le dije: "Ma-má, quie-quier-ro sss-ser con-con-confere-ren-cis-ta-ta". Obviamente, se quedó mirándome y puso cara de: "Ay, hijo, lo que quieras hacer de tu vida, menos hablar". ¿Y saben lo que me costó? Tres años con un lápiz debajo de la lengua leyendo frente a un espejo para poder adquirir la capacidad de articular mis pensamientos. Mi problema es que mi cerebro piensa muy rápido y mi lengua es muy lenta. Pero a pesar de que mis amigos, e incluso mi hermano, SE BURLABAN DE MÍ, me dediqué tres años a desarrollar esa habilidad, porque desde entonces sabía que era posible hacer lo imposible.

Sin embargo, la gran mayoría de la gente continúa pensando que los genios son así porque tienen un plus, algo que nadie sabe describir, pero que, todos concuerdan, les facilita las cosas y les permite ser quienes son. Muchos creen que la genialidad es exclusiva de unos cuantos gracias a ese extra que les dio su genética, Dios, el universo, o quien sea. Pero esta forma de pensar, en realidad, nos sirve para mentirnos a nosotros mismos.

ERES LO QUE PIENSAS

No creo en la teoría de los dones. Estoy seguro de que CADA UNO PUEDE DESARROLLAR SUS PROPIAS CUALIDADES Y CAPACIDADES. El cerebro sí regenera neuronas, por increíble que suene, y a este proceso se le llama neurogénesis adulta. ¿Cuándo ocurre? Cuando aprendemos algo nuevo, el cerebro crea una huella mnémica —la marca que queda de un suceso en nuestra memoria y se reactiva en ciertos momentos—, para luego hacer una sinapsis y entonces regenerar neuronas. El nivel de inteligencia que tiene la gente es determinado por aprender y desarrollar distintas áreas del cerebro. Si desarrollas otras habilidades, tu cerebro va a generar nuevas neuronas, hará más sinapsis, tendrá mayor capacidad de aprendizaje y la genialidad estará a tu alcance. Aunque, por supuesto, de nada sirve si solo lo llenas de información para alimentar tu ego y presumirles a todos cuánto sabes. Necesitas ejercitar el músculo de la absoluta posibilidad: sí, puedes realizar tus sueños; sí, puedes lograr todo lo que te propongas; ¡sí, puedes!

En el instante en el que descubres que todo en la vida tiene un método, se crean las posibilidades. La gente que triunfa no es porque tenga más inteligencia, ni más suerte o dones. Nada de esto les garantiza el éxito a los seres humanos. Entonces, ¿qué?

Muchas personas a las que les va mal en la vida luego hacen cosas extrañas, ¿te has dado cuenta? PIDEN QUE LLEGUE UNA FUERZA EXTERNA Y LES AYUDE A RESOLVER SUS PROBLEMAS, PERO NO HACEN NADA POR CAMBIAR SUS CIRCUNSTANCIAS. SOLO ESPERAN QUE ALGO O ALGUIEN VENGA Y LES QUITE DE ENCIMA SUS DIFICULTADES, que los ayude a sentirse bien, que les diga qué hacer, quiénes son o quiénes deben ser. Y nada más equivocado.

En varias ocasiones he oído esto en mis conferencias: "Pero yo no tengo lo que se requiere para ser el arquitecto de mi propio destino, Omar". La gente encuentra excusas para todo y principalmente para aquello que les exige involucrarse. Quizá no se han dado cuenta de lo factible que es cambiar su vida y la forma de ver las cosas.

A raíz de esto, quiero invitarte a que hagamos un ejercicio psicológico sobre la personalidad. No te tomará mucho tiempo, te lo prometo. Acomódate en tu silla o donde sea que estés leyendo este libro y piensa en un número del 1 al 10. Elígelo. ¿Ya lo tienes? Bueno, ahora te explico por qué escogiste ese número.

- **Número 1:** la gente que piensa en el 1 es tímida. Son individuos buenos para ejecutar indicaciones y para trabajar, pero muchas veces les dan miedo las cosas, no opinan mucho, pero cuando lo hacen, dicen algo muy acertado. Sin embargo, su autoestima es reducida. ¿Por qué pensaron del 1 al 10 en el número más pequeño?

- **Número 2:** son codependientes. Muy buenos amigos, les encanta la pareja, no son felices si no están con alguien. Su sueño: estar en una mecedora de ancianos junto a su pareja, viendo a sus nietos. Con eso, ellos son felices. Además, les fascina escuchar. Les puedes hablar a las tres de la mañana y ahí están para ayudarte, no piden nada, porque son codependientes y necesitan del otro, si no, sufren.

- **Número 3:** ten cuidado, a estos les gustan los tríos... Las trilogías, las secuencias, no seas mal pensado. Son aquellos que en un fin de semana ya vieron completa toda la serie que les gusta. Es gente a la que le importan las colecciones, ya sean de objetos, juguetes, lo que sea.

- **Número 4:** les encanta la familia y los valores porque son sus pilares. Es la típica persona que para la foto familiar dice: "No, falta la prima Claudia". Y son los que tienen los chismes antes que nadie.

- **Número 5:** son mediocres porque del 1 al 10 escogen la mitad. Políticamente correctos para no meterse en conflictos con nadie. Medio aman, medio viven, medio trabajan, medio todo. Pero tienen una cualidad, han creado una teoría para no sentirse mal: el gobierno tiene la culpa, el país, etc., pero ellos jamás.

- **Número 6:** son místicos, oscuros, perversos. Son los que llegan a su casa, se quitan el traje y se visten con un atuendo atrevido. Pero también son observadores, les gustan las filosofías transpersonales. No creen en nada.

- **Número 7:** estos piensan que nadie los merece, que son demasiado extraordinarios. Se jactan de tener muy buena autoestima, de amarse mucho. Les gusta bromear.

- **Número 8:** es gente que tiene "doble vida". Por un lado, son muy buenos y moralistas; pero tienen otra faceta oscura. Un día les gusta algo; al siguiente, otra cosa. Son indecisos.

- **Número 9:** son los "ya casi" llego, "estoy a punto" de conseguirlo, pero nunca hacen nada con su vida y todo lo dejan inconcluso.

- **Número 10:** son personas muy obsesivas, en especial, con la limpieza, el tiempo, el orden, la estructura. Nunca las complaces con nada y son buenas para dar órdenes.

¿Cómo te sientes después de este ejercicio? ¿Te identificaste con la descripción? Ahora respira profundo y quítate de encima el número que pensaste. ¡Deshazte de él! Es una aberración para la personalidad lo que acabo de hacer. ¿Ya habías creído que eras así? Pues te aclaro que todo lo que te acabo de decir sobre el significado de esos números es mentira. Seguro ya habías pensado: "Sí, sí es cierto, yo soy así". Pero no, es una falsedad que alguien pueda decirte cómo eres. Ese es tu poder como individuo, tu virtud como ser humano: elegir quién quieres ser.

Por favor, no vayas a pensar que pretendí engañarte y traicionar la confianza que has depositado en mí. Ni tampoco pienses que así serán los ejercicios que veremos en el desarrollo de este libro. Esta fue una excepción porque necesitaba que despertaras. Que te dieras cuenta de que no es cierto que no tienes las virtudes para hacer algo que deseas, porque eres excéntrico, reservado, miedoso, disperso… Tú puedes elegir tu personalidad: es mentira

> ES UNA FALSEDAD QUE ALGUIEN PUEDA DECIRTE CÓMO ERES. ESE ES TU PODER COMO INDIVIDUO, TU VIRTUD COMO SER HUMANO: ELEGIR QUIÉN QUIERES SER.

que no sabes bailar, que no puedes tocar un instrumento o que no puedes estar solo. No es verdad que eres como yo dije.

Ahora déjame contarte algo sobre mí. De niño siempre fui muy introvertido y tímido, pero elegí la extroversión. En ese entonces, no le hablaba a nadie, pero hoy reparto abrazos a extraños en toda Latinoamérica y no me avergüenza. Antes me daba miedo hablar en público, pero hoy me emociona y me encanta.

Cuando me preguntan a qué me dedico, no me gusta decir que soy psicólogo porque siempre hay alguien que me pide que lo defina: "A ver, ¿qué ves en mí?". En el momento en el que me dicen eso, les respondo: "Lo único que veo es que no sabes quién eres tú, ¡porque cómo puedes confiar en lo que te diga un extraño!". Nadie tiene el derecho de decirte cómo eres. Tú tienes el poder de elegir tu personalidad, tus cualidades, tu manera de ser con los demás.

Es mentira que no eres bueno para algo. Esos fueron arquetipos, etiquetas, ideas que compraste de ti sin darte cuenta, porque de pequeño tenías una mamá o un papá que te encasillaban: "Él es el callado, él es el tierno, ella es fiestera, ella es aplicada". Te fueron adjudicando roles y los adoptaste como tuyos. Entonces, ¿cómo hacemos para desarrollar la mejor versión de nosotros mismos?

LA ÚNICA DIFERENCIA ENTRE LA GENTE QUE TRIUNFA Y LA GENTE QUE NO ES SU IDEOLOGÍA. Como ya he dicho, químicamente todos estamos hechos de lo mismo: lo que hicieron mamá y papá para que tú nacieras, más oxígeno, carbono, hidrógeno y nitrógeno. Por lo tanto, si en materia todos somos iguales, si el cerebro y el inconsciente de todos funciona igual, ¿por qué el golfista Tiger Woods, el nadador olímpico Michael Phelps y tantos otros han hecho grandes cosas y tú no? Por sus ideologías. Nuestro peor enemigo somos nosotros mismos. Sí, así como lo lees: uno

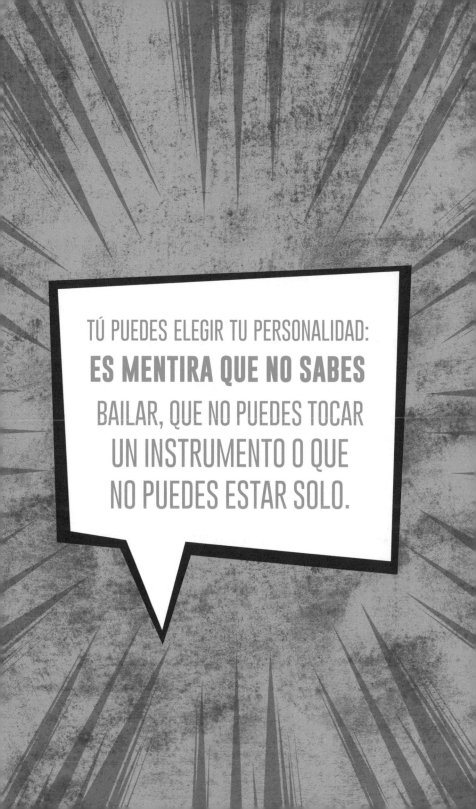

es responsable del presente en el que está. Por ello, si no te encuentras en donde quieres, si no tienes la vida que siempre has soñado, cambia tu ideología y comienza a creer que es posible lo imposible. Desafíate a más.

¿RECONOCES A TU PEOR ENEMIGO?

Antes de continuar, necesito que te deshagas de la mala sensación que pudo haberte producido el ejercicio anterior, así como de aquellos mitos que tienes sobre la genialidad, regalándote un momento de paz y alegría para ti mismo.

Para ello, es importante que estés con alguien de confianza y hagas lo siguiente —te prometo que es para AYUDARTE A ESTAR MEJOR—: ponte de pie, mueve tu mano derecha y elimina la experiencia del número. Luego, mueve tu mano izquierda para que fluya la emoción y ahora da tres aplausos. ¿Por qué? Cuando aplaudes se estimula el sistema nervioso, debido a que las palmas de las manos, las plantas de los pies y la columna están conectadas directamente a tu cerebro. Después de aplaudir para despertar al inconsciente, vas a hacerle cosquillas a quien tengas al lado. Dile: "¿Quién lo quiere, quién lo quiere?". Cuando le haces cosquillas a alguien, el cerebro secreta endorfina y serotonina, los dos neurotransmisores de la felicidad. Esta emoción, que todos anhelamos, es nuestro derecho. Nunca deberíamos negarnos a vivir la felicidad plenamente en nuestra cotidianeidad. Aunque el único que podría llegar a impedírtelo eres tú mismo, ya que la mayoría de nosotros tenemos un enemigo interno.

SI NO TIENES LA VIDA QUE SIEMPRE HAS SOÑADO, CAMBIA TU IDEOLOGÍA.

Pero déjame que te lo explique. Todos tenemos una parte consciente y otra inconsciente. La primera de ellas, puedes ponerla en práctica cuando controlas el parpadeo. Sin embargo, detrás del consciente hay una máquina perfecta que te domina: el inconsciente, responsable también de gobernar las emociones, las actividades físicas, el sistema nervioso, reacciones, es decir, el 90 % de lo que eres está en él. Por lo tanto, solo 10 % de lo que haces es consciente. Ahora bien, seguramente estarás pensando: "Eso ya lo sé desde la primaria, Omar, no me estás diciendo nada nuevo". Pero ¿TIENES IDEA DE CÓMO HACER AL INCONSCIENTE TU ALIADO?

El que genera información es el inconsciente. Por ejemplo, vas por la calle, ves la publicidad de una exclusiva marca de pantalones y se queda en tu memoria sin que repares detenidamente en esto, porque entra en automático. Luego, sin saber cómo pasó, terminas comprándote un pantalón carísimo de esa marca creyendo que tú lo elegiste. ¿Quién estuvo detrás de esa compra? Tu inconsciente, una herramienta de nuestro cerebro muy poderosa. Y lo que yo quiero que aprendas es cómo acceder a él para que puedas lograr tus proyectos. ¿Quieres incrementar tu negocio, ponerte en forma, irte de vacaciones a la India o a cualquier otro lugar? Tienes que saber hablarle a esa parte de tu mente. Tienes que hacer al inconsciente tu aliado.

Para hacerlo, debes reconocer que no solo se engancha con cualquier información, sino que también "se la cree" y la vuelve real. Ese es el problema. Imaginemos a una mujer que antes de ir al trabajo se mira en el espejo, sonríe satisfecha, se siente hermosa, se perfuma y sale a la calle. Mientras va caminando, escucha que alguien grita: "¡Quítate, gorda!". A partir de ese momento, esa mujer todo el día la pasará mal porque el pantalón le aprieta y, además, se reclamará a sí misma haberse comido el día anterior ese pedazo de pastel por el cumpleaños de su vecina: "No debí haber cenado tan pesado, me la paso comiendo mal, me veo horrible". ¡Y lo más increíble es que ni siquiera le estaban hablando a ella cuando gritaron! Pero su inconsciente no filtró la información. Su cerebro, como no discrimina y graba esas ideas, PROVOCA QUE SURJAN INSEGURIDADES, TRAUMAS, PORQUE NADIE LE ENSEÑÓ EL MODELO DE LOS GENIOS. Si lo supiera, al escuchar "gorda", pensaría: "Me hubieras visto hace un mes, estaba mucho más gorda, ahora me veo guapísima", y continuaría su camino sin prestarle atención al asunto.

El inconsciente no solo influye en la manera en la que nos percibimos y recibimos la información, sino que también CONTROLA NUESTRAS CREENCIAS, NUESTROS ACTOS Y NUESTRAS DECISIONES, LAS CUALES PUEDEN AFECTAR LA VIDA QUE LLEVAMOS. Cuántas veces hemos repetido, con tono decisivo: "¡Me voy a levantar a las cinco de la mañana a hacer ejercicio!". Claro, de manera consciente me pongo la meta, pero inconscientemente tengo el 90 % de mi interior que me replica: "No te hagas, siempre dices lo mismo y nunca lo haces". ¿Qué ocurre? Suena el despertador, lo apago y pienso: "Qué flojera, diez minutos más". Si tengo metas muy grandes de forma consciente, mi inconsciente no me cree y se vuelve mi peor enemigo.

Otro caso típico es cuando te pones a dieta. Vas a un restaurante y lo único que se te antoja son las hamburguesas y el helado. Luchas contra esas tentaciones, pero terminas claudicando y te preguntas: "¡¿Por qué?!". Porque tu inconsciente te dijo: "¿A quién engañas? Nunca consigues ponerte a dieta". Por ello, desde la perspectiva psicológica, las metas tienen que ser alcanzables y pequeñas, en primera instancia. Una vez que obtienes una parte importante de lo que deseas —o el primer paso de tu objetivo—, puedes ponerte metas más grandes porque ya dominaste a tu inconsciente y lo hiciste TU ALIADO.

Sí, hay formas de reeducar nuestra mente, pero ¿sinceramente respondes de manera positiva si alguien te grita que te calles? Por supuesto que no. ¿Y no crees que reaccionarías mejor si te pidieran que guardaras silencio, por favor? Al usar un tono distinto de voz, la frase entra directo al cerebro y es más probable que acepte cualquier indicación. Hay que tener mucho cuidado en cómo nos hablamos a nosotros mismos y a los demás. Si a tu hijo, por ejemplo, le dices todos los días: "Eres un tonto, eres un bueno para nada", lo más seguro es que se vuelva una persona mediocre porque el cerebro se programa y construye hábitos. Todas esas frases entran al inconsciente y ahí se quedan esperando relucir en cada una

> SI TENGO METAS MUY GRANDES DE FORMA CONSCIENTE, MI INCONSCIENTE NO ME CREE Y SE VUELVE MI PEOR ENEMIGO.

de nuestras conductas. DEPENDE DE NOSOTROS CAMBIAR NUESTRO PASADO E INTERPRETARLO DE MANERA DISTINTA PARA PODER HACER GRANDES COSAS, PESE A LO QUE HAYAMOS VIVIDO.

¿Tú crees que Malala Yousafzai, la joven activista pakistaní, seguiría luchando por el derecho a la educación de las niñas en su país si escuchara todos los prejuicios de los talibanes? No se rindió cuando le dispararon teniendo apenas 15 años y, a pesar de ese terrible atentado, ha continuado defendiendo los derechos civiles, en especial los de las mujeres. Después del ataque, ella dijo: "Nada cambió en mi vida, excepto esto: la debilidad, el miedo y la desesperanza murieron. La fuerza, el poder y el valor nacieron […]. La mejor forma de resolver los problemas y luchar contra la guerra es a través del diálogo". ¡Increíble! Malala ganó el Premio Nobel de la Paz en 2014, después de levantar la voz dentro de una cultura que la oprimía y que incluso intentó eliminarla. Lo hizo no solo por ella, sino por todas las mujeres de su país. Se atrevió a ver su existencia desde otro enfoque. Creyó en sí misma y en su causa, e hizo posible lo imposible.

AMPLÍA TU MIRADA

Ahora bien, también el inconsciente influye en la forma en la que concibes la vida. ¿Eres de los que ven el vaso medio lleno o medio vacío? Al respecto, hay dos tendencias desde el enfoque psicológico: existe la gente negativa —aquella que solo ve errores— y la positiva —quienes encuentran soluciones a los problemas.

La gente negativa fue la que dijo que deberían ponerse cinturones de seguridad, semáforos y que se inventaran los seguros de vida. Me dirás: "¡Pero eso es bueno, Omar!". Claro, no tiene nada de malo, porque justamente la función de los pesimistas es encontrar en lo que estamos fallando. Sin embargo, si solo eres negativo, nunca vas a prosperar en nada. Además, las personas con esta actitud siempre tienen a alguien que los secunda, porque son más conservadores, se arriesgan menos y, desde esta perspectiva, la gente que los sigue se mantiene en su ZONA DE CONFORT y se siente "segura".

Asimismo, el negativo es quien dentro de una habitación, por ejemplo, manifiesta lo obvio, y si alguien apaga las velas, replica: "Se fue la luz". Pero el positivo es aquel que dice que hay un cerillo. Es quien lo enciende ante la oscuridad. Por lo tanto, no hay que ser absolutamente pesimistas ni completamente positivos. Ser solo optimistas tampoco nos lleva a ningún lado, porque este tipo de personas creen que las cosas suceden solas. Y sí, el negativo encuentra problemas, pero su contraparte busca resolverlos. Por eso es bueno tener a los dos en la mente. No seas nada más positivo, porque ese es el típico individuo que solo sueña y no llega a nada. Pero tampoco seas solo negativo, porque te quedarás en la queja, como un amargado. ¿QUIÉN DEBES SER? UNA PERSONA EQUILIBRADA, PORQUE SE NECESITAN LAS DOS PARTES. Y ambas están en tu interior. La negatividad te sirve para crecer, para madurar, pero también hay positividad en ti y no es mala. Ninguna de las dos es mala.

Para poder absorber todo lo que te estoy diciendo, es esencial que aproveches

EL INCONSCIENTE INFLUYE EN LA FORMA EN LA QUE CONCIBES LA VIDA.

ambas partes. Así podrás aprender a hablarle a tu inconsciente, a enseñarle nuevas formas de convivir mejor con el mundo y contigo mismo. Sí, es posible programar tu mente a tu beneficio, moldearla hasta que te vuelvas tu aliado y dejes de ser tu propio enemigo.

TÚ ERES QUIEN MANDA

Te he venido diciendo que es posible que pienses distinto y que le agregues nueva información a tu mente. Suena muy bonito, ¿no? Pero sé que de nada sirve si solo te lo repito en todo el libro. Me queda claro que requieres saber cómo, y comparto contigo esta necesidad. Definitivamente, debes tener un modelo a seguir: el de los genios. "Sí, ya me lo habías dicho, Omar, pero ¿cuál es ese modelo?". Se trata de que hagas posible lo imposible. Lo que significa SEMBRAR EN TU FORMA DE PENSAR, EN TU IDEOLOGÍA, EN TU INCONSCIENTE, NUEVAS CREENCIAS QUE TE PERMITAN REALIZAR CUALQUIER COSA QUE TE PROPONGAS, para que te ayuden a llevar a cabo tu proyecto de vida con tu propia genialidad.

Para poder realizar este método, te pediré que seas paciente. El mundo no se creó de un día para otro, ni los grandes descubrimientos de la historia aparecieron por generación espontánea. Por eso, "instalar" nuevas creencias, que se traducen en nuevas conductas, exige iniciar desde lo más básico. Como te mencioné recientemente, no tiene sentido ponerte enormes metas, porque así será mucho más complicado que puedas cumplirlas. HAY QUE EMPEZAR CON PEQUEÑOS OBJETIVOS PARA IR ENTRENANDO LA MENTE A NUESTRO FAVOR.

Te comparto una experiencia al respecto para que quede más claro este punto. Después de tener a nuestro sexto hijo, mi esposa quería hacer ejercicio, pero no le gustaba correr. Además, no podía ir al gimnasio porque tenía una hernia. Estaba enojada con la vida, con ella, con su cuerpo, ¡con todos!, incluyéndome. Y todo por tener un conflicto físico. Yo le decía: "Amor, vámonos a correr", y ella inmediatamente me contestaba: "¡No me gusta correr, me gusta el gimnasio!".

Entonces, le propuse que camináramos unos cien metros fuera de la casa. Me miró poco convencida y me dijo: "Bueno, nada más para que dejes de molestar, vamos".

Caminar esa distancia no era nada, apenas media cuadra. Pero para regresar a la casa, ya eran otros cien metros más. Al siguiente día le dije que saliéramos de nuevo y ella respondió mejor: "Bueno, vamos". Al tercer día: "¿Subimos a 150?", y ella: "Perfecto, subámosle". Luego 200, 300... Seis años después, mi esposa está corriendo maratones de 42 kilómetros. Por eso, para iniciar el cambio, lo primero es proponerte metas pequeñas. Hoy, ella ya tiene UN OBJETIVO GRANDE, pero ¿por qué? ¡Porque su inconsciente ya le cree, ya no es su enemigo! Primero, ella se aseguró de reeducarlo para que la apoyara, pero no lo hizo de inmediato. En su caso y, para lo que estaba buscando, ¡seis años le llevó conseguir lo que tiene ahora! Pero fue paciente y perseveró. Moraleja: no hay que rendirnos antes de comenzar.

Es posible combatir los malos hábitos y todo aquello que te pese de tu personalidad. Pero pongamos en práctica el discurso, de otro modo, no sirve para nada. Hagamos consciente algo muy simple, algo en lo que me gusta mucho insistir: respira. En este instante, mientras estás leyendo, quiero pedirte que respires profundo. Inhala y exhala. Hazlo de nuevo: inhala y exhala. Hazlo diez veces, sintiendo cómo entra y sale el aire de tus pulmones. Procura concentrarte únicamente en este acto. Mantente así unos minutos para estar plenamente atento a lo que haces.

NO HAY QUE RENDIRNOS ANTES DE COMENZAR.

¿Pudiste conseguirlo? ¿Sí? ¿No? ¿Más o menos? Es muy fácil distraerse con lo que está alrededor: la mosca que pasó volando, la televisión, el tránsito de la ciudad, el celular... Infinidad de cosas que nos rodean atrapan nuestra atención. Quizá, mientras hacías este ejercicio, también estuviste pensando: "¿Y esto para qué? Ya me aburrí. Qué más sigue. Tengo que prepararme para salir en la noche. ¿Dónde quedó esa camisa que me queda tan bien?". Como es tan fácil caer en eso —y más cuando no tiene un sentido concreto para ti—, te diré la importancia de realizar este sencillo ejercicio. Cuando me concentro en la respiración, yo la controlo. ¿Qué significa? SI PUEDO DOMINAR UN MECANISMO INCONSCIENTE, Y QUE DAMOS POR SENTADO, SOY CAPAZ DE GOBERNAR TAMBIÉN OTRAS PARTES DE MI CEREBRO. Pero todo esto implica hacerlo de manera consciente.

Por eso debes empezar con algo del todo accesible —metas pequeñas, ¿recuerdas?—. Al respirar usando tu consciente, entrenas a tu cerebro y le vas dejando claro que quien manda eres tú. No se trata de estar consciente todo el tiempo de cómo respiras. La cuestión es que te des como mínimo unos minutos al día para hacerlo y verás cómo tu cerebro empieza a moldearse.

Así, poco a poco, podrás trasladar esta dinámica a otros ámbitos de tu vida: serás capaz de concentrarte mejor en tu trabajo, prestarle más atención a los demás, pensar con más claridad. Te aseguro que vas a ver los resultados, si te esfuerzas por comenzar a hacer pequeños cambios en tu vida. Uno tras otro.

DEL GUSTO CULPOSO AL PLACER EFECTIVO

Sabemos que no es nada fácil volver a entrenar la mente, y menos en una cotidianeidad como la de ahora, en la que apenas te llega una notificación del celular, ahí vas a revisarlo. No tienes silencio ni calma, y el mundo de hoy es tan demandante que pide que le prestes atención a todo, menos a ti. Pero justamente por eso esta realidad exige que tengas conciencia.

HACER POSIBLE LO IMPOSIBLE TAMBIÉN REQUIERE UN ESFUERZO DE TU PARTE PARA NO CAER EN LA EVASIÓN Y RENDIRTE ANTE LO QUE TE PARECE DIFÍCIL. Por eso ahora hay tanta gente adicta. Porque solo buscan el placer, sin importarles las consecuencias en su salud; no están dispuestos a luchar por conseguir lo que quieren, ni siquiera se dan el tiempo con la calma necesaria para descubrirlo. Todo lo deseamos de forma inmediata y placentera. Ya mismo.

El cerebro está programado para huir del dolor, sea físico, emocional o espiritual, o bien, para huir de cualquier situación que represente un esfuerzo que vaya en contra de lo que más nos gusta. Desde hace miles de años tenemos programada esta idea que nos grita: "¡Huye del dolor!". Por eso buscamos placer en lo que sea. Tu mente te dice: "¡Qué rico refresco, qué placentero momento, qué delicioso pastel lleno de azúcar!". El cerebro no distingue temporalidades. No tiene la certeza de que mañana también estará ahí ese pastel, por lo que puedes no comerlo hoy y posponer esa satisfacción, lo que te ayudará a conseguir tu meta de bajar 30 kilos en un año. El cerebro no sabe que aquello que te ayuda a sentir placer estará siempre, ni sabe elegir entre lo que le hace daño y lo que no. Solo va en automático tras lo que cree que le ayudará a huir del dolor. TENEMOS QUE APRENDER A USAR NUESTRO INSTINTO DE PLACER-DOLOR EN BENEFICIO DE NOSOTROS MISMOS. ¿Cómo? Con conciencia. Así como hace un momento te diste la oportunidad de respirar diez veces, percatándote de lo que estabas haciendo, sin dejarle todo el trabajo a tu inconsciente, eso mismo debes aplicarlo a todo lo demás en tu vida. Por eso es importante que a diario hagas este ejercicio de respiración. Así irás entrenando tu mente y le dejarás claro que tú tienes el control, que el jefe eres tú. Te garantizo que, conforme vayas reeducando a tu inconsciente, vas a sentirte cada vez más empoderado, FUERTE Y CAPAZ. Necesitas de esa fuerza interna que solo tú puedes darte. Requieres de esa energía positiva hacia ti mismo para poder alcanzar cualquier objetivo que te propongas.

A la par de hacer consciente la respiración, genera un diálogo interior y háblate con palabras constructivas. Todos los días, mientras inhalas y exhalas, di: "Este es un buen día. Puedo hacer esto. Yo soy más fuerte que mi pasado, que mis creencias. Soy inteligente, capaz". Lo que te dices es fundamental para poder cambiar tu manera de pensar y de actuar. Reconstrúyete mientras respiras profundo. De esta manera le ordenarás a tu cerebro cómo quieres que viva ese día. Tú lo decides. Tú tienes el control.

Ahora quiero proponerte algo: ¿puedes identificar cuáles son esas ideas dañinas que has adquirido a lo largo de tu vida, como "soy feo, soy gorda, soy mediocre, nada me sale bien, nadie podrá quererme, jamás podré poner mi propia empresa…"? Entonces hazlo. Identifícalas. Y ahora: ¡DESHAZTE DE TUS VIEJAS CREENCIAS! TIRA A LA BASURA LOS PREJUICIOS QUE ANDES CARGANDO. Muchas ideas que tenemos vienen de cosas que hemos ido creyendo, de etiquetas o roles que hemos adoptado o que nos han vendido. ¿Tú crees que esa marca de refresco es tu favorita porque tú la elegiste? No necesariamente. ¿No te has preguntado por qué antes odiabas el reguetón y ahora dices: "Bueno, no suena tan mal"? ¡Pues porque lo encuentras hasta en la sopa! Y ahora lo bailas, lo cantas mientras te bañas y crees que ya te gusta… Pero ¿es así, realmente? ¿Crees que eres flojo porque "así lo quiso Dios"? No. El cerebro es programable, y de la misma forma en la que aprendió todas esas viejas creencias sobre ti mismo, puede aprender otras nuevas, pero para bien.

Si cambias el significado de dolor-placer, será mucho más sencillo que reprogrames tu cerebro. ¿Cómo hacerlo? Empieza a premiarte con cosas placenteras cuando hayas logrado lo que te

propusiste. Por ejemplo, ponte como meta hacer 20 minutos de ejercicio todos los días y, como recompensa, sal el fin de semana al lugar que más te guste. "Oye, Omar, pero ¿por qué insistes en ponerme tantos ejemplos sobre la dieta, la comida, el ejercicio?".

Bueno, si se te cruzó eso por la mente, te lo aclaro. Primero, porque es algo cotidiano contra lo que la mayoría luchamos, ya que vivimos en un mundo de constante consumo, bombardeado de excesos por todos lados.

En segundo lugar, porque, principalmente, este tipo de vivencias representan una meta más tangible —puedes ver los resultados frente al espejo cada vez que te levantas— y porque, de inicio, es un objetivo mucho más pequeño que poner una empresa o comprarte una casa.

RECOMPENSARTE POR CONSEGUIR TUS LOGROS ES IMPORTANTÍSIMO, PERO NO TE CELEBRES —EN NINGUNA CIRCUNSTANCIA— POR NO HACER NADA O POR CONSEGUIR A MEDIAS TUS OBJETIVOS. Eso es bajar tus estándares y lo que menos debes hacer es propiciar un pensamiento mediocre. Te puede causar mucho daño a largo plazo.

Al trabajar poco para conseguir placer, le estás dando las señales equivocadas a tu inconsciente, que luego las traduce en conductas que con el tiempo lamentarás. Tu cerebro no es tonto, absorbe todo como una esponja y puede aprender fácilmente también lo que te perjudica. Justo

> EL CEREBRO ES PROGRAMABLE, Y DE LA MISMA FORMA EN LA QUE APRENDIÓ TODAS ESAS VIEJAS CREENCIAS SOBRE TI MISMO, PUEDE APRENDER OTRAS NUEVAS.

por ese mal hábito que la mayoría de los estudiantes tiene de ser negligentes todo el semestre y, hasta el último día, ¡tac, tac, tac!, escribir su trabajo final aprisa y sin pensar, sacan calificaciones bajas o se van construyendo una actitud conformista y mediocre. Imagínate si hubieran pospuesto el placer del ocio hasta conseguir sus objetivos, trabajando con tenacidad desde el inicio del semestre. ¡Otros serían los resultados! Pero no solo temporales, sino a largo plazo.

Usa a tu favor el instinto que tienes programado de dolor-placer. Eso significa ser maduro, ser dueño de tu vida: elige cuándo te premias y cuándo te castigas, y hazlo conscientemente. Tu premio puede ser tan extraño, tan único, tan especial como tú lo desees, pero tiene que ser complaciente. ¿Para qué? Para que tu cerebro asocie la DEDICACIÓN PLENA y constante con algo placentero. En mi caso, luego de trabajar durante meses ofreciendo varias conferencias a través de una extensa gira que realicé por varios países, me regalé el dron de mis sueños. Claro, cada uno con sus propios gustos, pero ese fue el mío.

Después de aquella ardua temporada de trabajo, merecía recompensarme con ese dron que tanto había anhelado. Tardó un tiempo en llegar desde Hong Kong, pero cuando lo tuve en mis manos, me emocioné como un niño y hasta cancelé todos mis planes para poder usarlo. Lo gracioso es que apenas me duró nueve horas porque no sabía manipularlo, pero me dio igual. La satisfacción de habérmelo regalado fue grandísima. Valió la pena que mi mujer me reclamara por qué no había leído antes el instructivo si ya había gastado tanto en ese aparato, que mis hijos se rieran de mí y que solo lo pudiera tener en mis manos unas cuantas horas. No me importó. Fue mi regalo, lo conseguí y nadie puede quitarme ese placer. Ya después compré otro y fui aprendiendo de mis errores, para que no se estrellara contra los árboles y me durara más. Pero ese instante en el que me permití compensarme por todo mi esfuerzo no tuvo precio.

Fíjate qué linda promesa, qué hermoso pacto personal sería si así actuáramos siempre. Sin embargo, vivimos premiándonos por nada, solemos darnos gustos tan insanos como el azúcar, o una comida muy calórica; placeres que se desvanecen rápidamente, y que no nos otorgan la verdadera satisfacción de haber conseguido lo que queríamos. CAEMOS EN LAS GARRAS DE LAS TENTACIONES INMEDIATAS, MALEDUCANDO NUESTRA MENTE. De esta manera, aprisionamos a la fiera que llevamos dentro y que quiere luchar por nuestro proyecto de vida.

¿Cómo cambiar esto? Muy sencillo. Identifica qué cosas te resultan desagradables, difíciles, dolorosas y asócialas con placer. ¿No te encanta tu trabajo, se te hace muy complicado, te cuesta levantarte temprano para llegar a tiempo? Asocia cada uno de estos actos con algo placentero. "Omar, quiero

> HACER POSIBLE LO IMPOSIBLE NO ES IR EN CONTRA DEL BIENESTAR PROPIO NI DE LOS DEMÁS.

que mi relación de pareja sea mejor". Prográmala con el placer. "Omar, quiero ser un padre divertido, pero no se me da eso del sentido del humor". Relaciónalo con el placer, pero no digas: "Ay, qué pereza ser papá, ser mamá, llegar a mi casa, ser simpático y ayudar a los niños a hacer la tarea...". Si tú empiezas a ver lo malo, si lo asocias con dolor, con algo incómodo y complicado, tu mente va a reaccionar y va a hacer que huyas de esa realidad. Y te habrás perdido la oportunidad de experimentar la vida desde otro enfoque. Así que ya sabes: asocia con placer aquello que te ha obstaculizado ser una mejor persona.

GOBIÉRNATE CON RESPONSABILIDAD

Si sabes usar la mente, puedes vender hasta el aire. Además, programar tu cerebro a tu favor no solo impacta en ti, sino que se trasmite a todo lo que te rodea. Por ejemplo: ¿a cuántas mujeres les gustaría tener un esposo más amoroso? Entonces deja de decirle: "Ya no me compras nada, ya no me das detalles, ya no te importo, ya no me quieres". Entre más le repitas cosas negativas, más las refuerzas. De esta forma el cerebro no escucha. El inconsciente le dice a tu marido: "Ah, ¿sí? ¡Pues ahora no te doy nada!". Y lo mismo aplica para los hombres con sus mujeres, ¿eh?, que también instalan en la mente de sus esposas ideas contraproducentes para sus relaciones.

COMO EN LAS COMPUTADORAS, NUESTRO CEREBRO TIENE UNA CARPETA EN LA QUE ARCHIVA TODAS ESAS FRASES NEGATIVAS QUE NOS CAUSAN MOLESTIA. ¿Y qué nos dice nuestra mente ante ellas? ¡Huye! Porque viene programada para escapar del dolor y únicamente buscar el placer. Por eso la importancia de hablarnos y de dirigirnos a los demás de mejor manera.

La idea final de todo esto es que de forma consciente deposites en el inconsciente de tu pareja ideas positivas, como: "Mi amor, me encanta lo amoroso que eres conmigo, cómo me tomas en cuenta y te importa la relación que tenemos".

Porque entonces su mente responderá distinto: "¡Ah, caray!". Lo más probable es que cuando esté en la calle y vea un local de flores, sin saber por qué, su inconsciente abra la carpeta de sus últimos recuerdos, de tus palabras, y te regalará el ramo más grande del lugar.

Por cierto, necesito aclararte algo muy importante al respecto: ¡no te estoy enseñando a manipular a tu antojo a los demás! NO TE CONFUNDAS. El objetivo de actuar así es no hacerles daño a los otros ni a ti mismo. Saber programar el cerebro es una herramienta potente que hay que aprender a usar con humildad e inteligencia. Si empleas este poder en perjuicio de los demás o en contra de ti mismo, no conseguirás tus sueños. Hacer posible lo imposible no es ir en contra del bienestar propio ni de los demás. Al contrario, es saber la responsabilidad que conlleva hacerte cargo de tu vida, incluyendo a la gente que te rodea.

Grábate esta idea: usa tu consciente para programar tu inconsciente. Recuerda que este último va a buscar el placer y huir del dolor como una máquina. Pero para hacerlo, tienes que estar presente. Es decir, no creas que hacer posible lo imposible va a venir solo, sin esfuerzo. Quítate esas nociones de que a los genios se les dieron las cosas fáciles gracias a sus maravillosos atributos.

> SABER PROGRAMAR EL CEREBRO ES UNA HERRAMIENTA POTENTE QUE HAY QUE APRENDER A USAR CON HUMILDAD E INTELIGENCIA.

Y si crees el mito de que sería mucho más sencillo realizar tus sueños si fueras millonario, porque podrías atender a tu familia sin preocupaciones y darte el tiempo que necesitas, estás equivocado. Déjame aclararte que tampoco sería más fácil la vida si fueras rico. El dinero no es la respuesta para estar en donde uno quiere, ni para ser quien uno desea. La verdadera riqueza viene de un proceso consciente para conseguir los resultados que anhelamos, y de premiarnos cuando realmente los hayamos alcanzado. INVIERTE LA RIQUEZA QUE TIENES DENTRO DE TI MISMO, PERO RECUERDA QUE ANTES DE INICIAR UN PROYECTO EXITOSO EN TU VIDA, TIENES QUE ESTAR FUERTE. ¿A qué me refiero? El error de muchos no es emprender, sino hacerlo cuando emocional y psicológicamente están mal, tienen baja

autoestima, se sienten solos, están deprimidos. ¿Qué le auguramos a una persona que emprende con poco desarrollo personal? Malos resultados. Por ello es importantísimo que inviertas en tu propio bienestar.

Te felicito por dar este primer paso que es permitirte leer *Haz posible lo imposible*. No hay acto de amor más grande que luchar para estar mejor con uno mismo, con los demás y con el mundo. Por eso me encanta que tengas en tus manos este libro, porque el solo hecho de que te des el tiempo de leerlo, de abrirte a nuevas ideas, dice mucho de ti.

RECONSTRÚYETE, REINVÉNTATE, REAFÍRMATE. DILE SÍ A LA VIDA. LA FORMA DE REPROGRAMAR TU MENTE ES MEDIANTE AFIRMACIONES. Luego, repítelas de manera constante para que el cerebro genere en automático una creencia positiva a tu favor. Afirma, comienza a creer: ¡sí, es posible lo imposible!

CAPÍTULO 2

HABITUALMENTE, LA FORMA EN LA QUE PENSAMOS NOS DETERMINA Y SOMOS AQUELLAS CREENCIAS QUE TENEMOS. RESPETO MUCHO EN LO QUE CREES, ASÍ QUE NO PIENSES QUE ESTOY ATENTANDO CONTRA TUS IDEALES O QUE TE EXIJO QUE SEAS COMO YO. AL CONTRARIO, TE PIDO QUE REFLEXIONES SI ESAS CREENCIAS SON COMPATIBLES CON LA VIDA QUE TIENES AHORA Y LA QUE QUIERES. SI NO LO SON, ENTONCES DEBES CUESTIONARLAS E IR CAMBIÁNDOLAS. ¡TODO ESTÁ EN TI!

MICHAEL JORDAN NO DABA LA TALLA

¿Cuáles eran las creencias de este legendario basquetbolista? ¿Qué fue lo que lo hizo llegar tan lejos y ser considerado el mejor jugador de todos los tiempos?

Ya estamos en un punto en el que no podemos continuar usando excusas o mitos que expliquen este tipo de casos. Es decir, ya sabemos, y muy bien, que Michael Jordan no es un súper hombre ni tampoco nació y, segundos después, encestó una canasta. Entonces, ¿por qué se convirtió en el MEJOR JUGADOR de basquetbol?

Desde el primer instante en el que Jordan se enfrentó con una dificultad para realizar lo que deseaba, lo que antepuso fue su ideología. ¿Qué antepuso? Su i-deo-lo-gí-a. A partir de que en la preparatoria no lo eligieron en el equipo de la escuela —porque no tenía la altura ni las habilidades necesarias—, se puso el objetivo de mejorar su técnica y de ser el mejor basquetbolista. Le afectó mucho ese momento en el que no vio su nombre en las listas de candidatos, regresó llorando a su casa, pero después cambió las lágrimas por horas y horas continuas de entrenamiento. Todos los días, a las seis de la mañana, se levantaba a practicar. Su ética de trabajo es una de las características que más sorprenden en el mundo del deporte, pero esta ética no vino sola. Antes tuvo que haber germinado la creencia de que era posible ser el mejor en ese deporte.

Programó su cerebro para que creyera en él mismo, aun cuando no había ganado ningún campeonato. Aceptó que eso requeriría esforzarse al máximo. Tenía claro que el reto era más mental

> "SOLO ME IMPORTAN MIS PROPIAS EXPECTATIVAS".

que físico, pero no se dejó vencer ante ningún obstáculo: "he fallado una y otra vez en mi vida, en mi carrera... pero debido a eso he tenido éxito", dijo en una ocasión. Sabía, desde el principio, que no iba a obtener nada de manera gratuita. Lo tenía claro porque lo que se había propuesto no era nada fácil de conseguir.

No deseó a medias. ¡Quería ser el mejor jugador de basquetbol! Y lo consiguió. La altura que le faltaba la logró tener poco después de la preparatoria —creció diez centímetros más—, pero todo lo que vino posteriormente fue el resultado de años de PROFUNDA ENTREGA, CONSTANCIA Y PRÁCTICA.

Tampoco escuchó a los demás, pese a lo que le pudieran decir: "No vas a poder"; "No eres tan bueno como crees"; "Nadie ha conseguido eso, ¿a ti qué te hace diferente?".

Convertía en retos las críticas de la prensa y de sus mismos compañeros. En una entrevista comentó: "Solo me importan mis propias expectativas". De esta manera, su ideología le dio la motivación necesaria, el empuje para entrenar de forma ardua y para ser creativo ante circunstancias adversas.

Pero lo que consiguió no lo obtuvo de inmediato. Le costó varios años, muchos torneos, y muchísimas horas de entrenamiento para mejorar su técnica y rendimiento. Incluso ejercitó partes del cuerpo que en ese entonces no se consideraban esenciales para su deporte. Todo con un objetivo en mente: ser el mejor jugador.

¿Tú crees que si no hubiera deseado algo tan grande le hubiera dedicado tanta energía y tiempo? ¿Te imaginas cuáles hubieran sido los resultados si no hubiera tenido esa creencia en él, si no hubiera amado de ese modo su sueño?

Michael Jordan tuvo la fortuna de saber desde muy joven qué era lo que quería, pero también hay quienes descubren y logran sus sueños ya muy grandes.

NO SABER QUÉ DESEAMOS EN LA VIDA NO TIENE NADA DE MALO PORQUE, TARDE O TEMPRANO, SI LO BUSCAS CON LA SUFICIENTE FUERZA, LO SABRÁS. LO PERJUDICIAL ES SENTARSE EN EL TRONO DE LOS CONFORMISTAS. El trono de aquellos a los que la vida les es indiferente, nada les importa, no se comprometen, se quejan de todo y dañan a los otros con esa actitud resentida y quejumbrosa.

Querido amigo, querida amiga, no es demasiado tarde para descubrir tu sueño y perseguirlo. Haz posible lo imposible: ¡cree en ti! Ten la vida que DESEAS Y MERECES. No pierdas más energía valiosa escuchando esas viejas creencias que te dicen que cualquiera menos tú podrá alcanzar lo que se propone. ¿Te imaginas qué hubiera pasado si Jordan hubiera escuchado todo lo negativo que se decía de él? Habría perdido, rápidamente, la paciencia, la perseverancia y la determinación para cumplir con cada una de sus metas. Ahora que lo sabes, me gustaría preguntarte: ¿qué te detiene a creer en ti?

CONSTRUYE NUEVAS CREENCIAS

Antes de continuar, quisiera saber algo: ¿cómo estás? Piensa detenidamente lo que vas a contestar, por favor. Sé que no puedo tener la certeza de lo que me respondas, pero me aventuraré a decir que fue un: "Estoy bien, Omar". Bueno, si

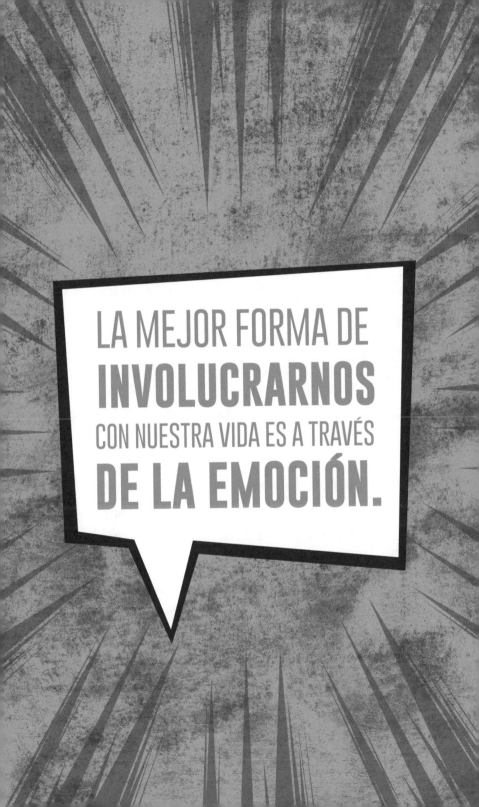

esa fue tu respuesta, quiero que imagines que ahora aparezco volando frente a ti, aplaudiendo y sonriéndote, muy emocionado y contento, y te grito: "¡¿Cómo estás?!".

¿De nuevo, solo "bien"? Mmm, no me convence. Ese vocablo, "bien", es una palabra fantasma. ¿Por qué? Pues resulta que "bien" no dice nada. Es un adverbio vacío que nos ha perjudicado muchísimo, ya que esta palabra es la que provoca que no haya comunicación en el hogar: "¿Cómo te fue en el trabajo, Ernesto? Bien"; "¿Cómo estuvo tu día, mi amor? Bien"; "¿Qué tal la escuela, hijo? Bien". No proporciona información, ni propicia el intercambio de ideas, sentimientos o emociones.

Lo PELIGROSO de esto es que usar esta clase de palabras fantasmas —así se les llama en psicología a los vocablos que utilizamos para no comprometernos con nosotros mismos, con lo que sentimos y pensamos— se ha vuelto un hábito. Y la mejor forma de involucrarnos con nuestra vida es a través de la emoción. Qué pensarías si le dijeras a tu pareja: "Corazón, te amo con toda mi alma", y solo te mirara y continuara con sus actividades…

Cuando tienes una emoción es porque dentro de ti hay un movimiento y, en el instante en el que este movimiento existe, surge la transformación. Pero si nada te mueve ni te entusiasma, hay estancamiento. ¿Y qué pasa con el agua estancada? ¿Qué olor tiene? A podrido, ¿no es así? Pues algo similar ocurre en nuestro interior cuando las emociones no fluyen: se nos dificulta sonreír, así como alcanzar, incluso, grados de tristeza o de llanto. ¿Y por qué ocurre algo así? Porque estamos en un estado emocional permanente que se conoce como represión. Contenemos lo que sentimos, nos frenamos para no exteriorizar lo que sucede dentro de nosotros. SIN EMBARGO, PARA EMPEZAR A CAMBIAR NUESTRAS CREENCIAS, NECESITAMOS QUE TODA NUESTRA ENERGÍA FLUYA.

De esta manera, para pretender grandes cosas en nuestras vidas, lo primero que debemos hacer es provocar que fluyan las emociones. Después, afirmar para generar una nueva creencia. Me dirás:

> EL CEREBRO CONSTRUYE PROGRAMAS, Y LA MANERA DE GENERARLOS ES MEDIANTE AFIRMACIONES.

"¿De qué afirmaciones me hablas, Omar?". Lo explico mejor: ¿sabes por qué este libro se llama *Haz posible lo imposible?* Son dos vocablos opuestos que, en una misma oración, afirman.

En otras palabras, lo que creas que es irrealizable, en realidad es posible llevar a cabo, porque si partes de la idea de que no existen imposibles para ti, eso configura a tu mente de una manera por completo distinta, positiva y a tu favor.

AL MODIFICAR TU MANERA DE PENSAR, LE ESTÁS DICIENDO A TU CEREBRO QUE ESAS VIEJAS CREENCIAS QUE TENÍA SE PUEDEN CAMBIAR.

Y que se tendrá que ir adaptando. ¿Cómo hacerlo? Creando afirmaciones positivas mediante el lenguaje que usamos a diario: "Sí, puedo; sí, soy capaz; sí, es posible".

También existen las afirmaciones negativas que te dañan y esas son las que debes ir abandonando. Pero las positivas son el paso clave para generar nuevas creencias que te impulsen a ser una persona mejor, a lograr lo que te propongas.

TÚ ELIGES EL RUMBO

¿Sabes lo que son las creencias? Las creencias son una brújula, una guía, un rumbo que indica hacia dónde vas. También construyen patrones de conducta que determinan TU ENERGÍA Y QUIÉN ERES. Por ejemplo, lo que crees sobre el pecado, sobre Dios, el amor, el tiempo, sobre cualquier cosa, es lo que va a determinar de manera automática tu vida, porque el cerebro construye programas, y la manera de generarlos es mediante afirmaciones. Además, las creencias son, sobre todo, un invento personal. Muchas las has ido adquiriendo del entorno en el que has vivido. Y lo que quiero que te quede muy claro es que, si las creencias son un invento que tú generas, una elección que tú realizas, ¿por qué no elegir la que te dice que todo es posible?

Para conseguirlo, primero, deja fluir la emoción. Luego, haz afirmaciones. Por último, repítelas, repítelas, repítelas. Al hacerlo, el cerebro, después de un tiempo, creará una huella en tu memoria, una huella que se transformará en una nueva creencia que te ayudará a determinar el camino que desees en tu vida. Así que grábate lo siguiente: "SOY CAPAZ DE HACER POSIBLE TODO LO QUE DESEE, SOY CAPAZ DE HACER POSIBLE LO IMPOSIBLE". Tatúa esta nueva creencia en tu cerebro. Hazlo conscientemente para que entre en tu inconsciente. Lleva a cabo este ejercicio todos los días y haz de esta nueva creencia un hábito. Recuerda: la grandeza es una cualidad, es una condición que tiene que ver con ser extraordinario en algo y tú puedes conseguirlo.

"Qué fácil suena todo lo que me dices, Omar, pero en la vida real no creo que funcione así". ¿Acaso pensaste esto mientras estabas leyendo? Pues te cuento algo muy importante para que te convenzas: el cerebro humano tiene la capacidad de interpretar y, la primera información que recibe, la piensa como real. Por eso la gente interpreta que el cielo es azul, porque lo primero que te dicen es una realidad total para ti.

La forma en la que funciona nuestra mente es maravillosa. Una de sus características principales, como vimos en el capítulo anterior, es que sigue indicaciones sin filtrarlas, porque la mayoría de las cosas entran por el inconsciente. Pero ahora que llegamos a este punto, ya sabes que puedes, de manera consciente, tomar el control y hacerle ver a tu cerebro quién es el que manda. Esto se debe, justamente, a otra característica que tiene: la interpretación. Una clave fundamental para que comiences a creer que sí es posible lo que te propongo. Pero déjame contarte una anécdota sobre el impacto que tuvo darme cuenta de esto siendo niño.

Cuando tenía seis años, mi mamá me llevaba siempre en su auto a la escuela, pero un día que llegábamos tarde, se le cruzó otro auto en el camino. Como era de esperarse, molesta, mi mamá le gritó al otro conductor y le hizo una seña obscena con el dedo. Yo le pregunté qué significaba esa seña. Ella, que siempre ha sido muy creativa y jovial, me respondió: "Ay, hijo, es un avión. Y si ese hombre no sabe manejar, ¡que se vaya a volar!" —y volvió a hacer el mismo ademán.

En ese momento me quedé con una interpretación. Mi cerebro asoció LA SEÑA con el acto de volar y con un avión porque, como ya he dicho, la primera información que el cerebro recibe, la piensa como una realidad. Y así fue como ese mismo día, cuando llegué al salón de clases y el profesor nos preguntó qué nuevas cosas habíamos aprendido con nuestros papás, yo levanté la mano y, manteniéndola en el aire para que él la viera, dije: "Profesor, ¿qué es esto?". Él respondió: "Una mano". Yo repliqué: "No, es un aparato transformador que se convierte en avión, mire" —e hice la seña del dedo—. Obviamente, la broma pasó a mayores, pero la razón por la que cuento esto es porque desde ese preciso momento descubrí algo primordial: las cosas no significan lo mismo para mí que para los demás.

CON EL TIEMPO ME HE DADO CUENTA DE QUE LA INTERPRETACIÓN ES UN REGALO Y, SI ALGUIEN TE OFENDE, PUEDES TRADUCIR ESA OFENSA, POR EJEMPLO, COMO UN HALAGO. De esta manera, sigues con tu día sin que te afecte. Eso hizo el increíble compositor francés Erik Satie, quien fue sumamente criticado y, además, considerado como un excéntrico en su época, pero él supo interpretar las críticas a su favor sin desmoronarse por los comentarios negativos que recibía.

En un concierto que dio en 1917, utilizó algunos

elementos que nunca se habían visto añadidos a una orquesta tradicional, como una máquina de escribir, dos sirenas de vapor, una rueda de lotería, una matraca e, incluso, un revólver. Así que, como era de esperarse para una situación de esta naturaleza a inicios del siglo xx, muchos asistentes se sintieron ofendidos porque consideraron el asunto tan solo como un acto provocador, sin reparar en que estaban frente a un compositor atrevido y adelantado a sus tiempos. Incluso Satie tuvo que enfrentarse a las rejas de la prisión cuando, en una de esas ocasiones en la que recibió malintencionados comentarios de un crítico, le respondió a este de una manera mordaz.

> NO IMPORTA QUE TE TACHEN DE LOCO, ¿QUÉ TAL SI ESO SIGNIFICA SER FELIZ?

Grandes personajes, como Satie en la música, o como Dalí en la pintura, o como Gabriel García Márquez en la escritura, han decidido interpretar las críticas a su favor. Creían en ellos mismos y en su proyecto de vida de una manera tan poderosa que decidían no prestarles demasiada atención a las opiniones negativas. O bien, las tomaban como retos que los impulsaban, incluso, a ser más creativos. No se dejaron vencer por las palabras de los demás. Por ello, no importa que te tachen de loco, ¿qué tal si eso significa ser feliz? ¡Bendita la locura, entonces! Si te han dicho así cada vez que emprendes un proyecto que todos piensan que es imposible, entonces vas por buen camino.

Recuerda que la forma en la que interpretas la realidad es tu regalo, una fortuna enorme que recibiste por el solo hecho de estar vivo. Y si quizá en algún momento todos se ponen en tu contra, recurre a esta creencia y repítela como si fuera un mantra: es posible lo imposible, soy capaz de CAMBIAR MIS CIRCUNSTANCIAS, soy capaz de creer en lo que yo elija creer.

Otra característica del cerebro es que no distingue la diferencia entre realidad y fantasía. Por eso hay personas con crisis de ansiedad aguda, que sienten que se van a morir de pronto, ya que su mente no ha sido entrenada para ayudarles a discernir entre lo que de verdad ocurre y lo que corresponde a una ilusión. La mente es muy

poderosa y sí puede ayudarnos a conseguir todo lo que nos propongamos, pero también puede volverse nuestra peor enemiga. Por ello, ten mucho cuidado: no le dejes a nadie más que a ti la responsabilidad de tu vida. Hazte cargo de ella y verás cómo eso repercute de manera positiva en todo lo que haces.

Ahora quiero preguntarte lo siguiente: debido a que la mente no sabe diferenciar entre verdad y fantasía, ¿qué estás esperando para aprovechar esta condición a tu favor?

¿Qué evidencias hay de que no es posible lo imposible? Ninguna. ¿Y por qué no? Porque está en ti interpretar la vida como desees y porque tú eres el dueño de tu destino. Entiendo que conseguir lo que te propongo no ocurrirá de un día para otro. ES UN PROCESO QUE REQUIERE QUE TE COMPROMETAS, TE EMOCIONES, TE ENTREGUES Y NO CLAUDIQUES. Por eso es muy importante que vayas entrenando tu mente todos los días.

Nuestro cerebro es como una computadora sofisticada que trae integrado algo que nos diferencia de los demás animales: la conciencia.

Pero, al igual que con cualquier computadora que trae cientos de programas que no sabes utilizar, de tu cerebro solo ocupas el 5 % o el 6 % de su capacidad. Por esto, no des por sentado que no eres capaz de aprender nuevas cosas, ya que te aseguro que hay muchísimo espacio en tu cerebro para agregarle información de calidad, como también para generar nuevos hábitos y conductas que te ayuden a manipularlo a tu favor.

> ¿QUÉ EVIDENCIAS HAY DE QUE NO ES POSIBLE LO IMPOSIBLE? NINGUNA.

Despójate de esas ideas que vienes arrastrando desde niño y que no te sirven para conseguir lo que quieres, como las que han construido en ti creencias sobre tu incapacidad. Esas ideas son las que han coaccionado tu potencial. Déjalas atrás. Mira hacia adelante con nuevos ojos y empieza a creer lo que tú quieres creer. Elige la vida que quieres vivir y consíguela.

LA EDUCACIÓN DEL NO

De pequeños, la mayoría de nosotros recibimos creencias de nuestros papás que nos educaron con el "no": "¿Me compras un dulce? No"; "¿Me puedo quedar en la casa de mi amiga? No"; "¿Puedo salir a jugar? No". Además, si desesperábamos a nuestros padres, lo que recibíamos eran amenazas. Y era peor si nos atrevíamos a insistir, lo cual, por supuesto, hacíamos. Pero ¿por qué todos los niños insisten? Porque no conocen el "no", porque tienen bien definido lo que quieren y son perseverantes. ESTA FORMA DE ACTUAR PROVIENE DE UNA FUNCIÓN DEL CEREBRO QUE SE LLAMA MECANISMO DEL DESEO Y QUE TODOS TENEMOS.

Este mecanismo es el que provoca que obtengas las cosas en la vida, el que hace que quieras ir al cine, que salgas a pasear, que estés leyendo este libro. Todas las personas lo tenemos. En los pequeños se desarrolla a partir de los tres años en adelante, cuando el niño pasa la etapa de "esto es mío". Entonces viene el mecanismo del deseo que le dice: "Lucha por lo que quieres". ¿Qué significa

esto? Que no se detendrá hasta conseguirlo. Sin embargo, algo que ocurre con una educación como la que tuvimos muchos latinoamericanos que nos enfrentamos tantas veces al "no", es que terminamos por reprimir el impulso de nuestro mecanismo del deseo. Por lo tanto, un niño aprende que lo que desea, en vez de que le sirva de algo, le provoca dolor, porque su papá o su mamá se pueden enojar y decirle que "no".
FRENAR AL DESEO POR MIEDO AL "NO", AL REGAÑO, REPERCUTE EN LA VIDA DE UN NIÑO, PERO SOBRE TODO REPERCUTIRÁ EN LA DEL ADULTO EN EL QUE ALGÚN DÍA SE CONVERTIRÁ ESE NIÑO. No obstante, ahora tenemos las herramientas para perdonar a nuestros padres. En realidad, para perdonar al entorno que replica este modelo de educación que no solo viene de nuestra casa. Ahora tenemos la capacidad de despojarnos de todas esas creencias y reeducarnos para que nuestro mecanismo del deseo vuelva a ser auténtico.

Paulo Freire, un experto educador brasileño, decía que era importante dejar participar a los estudiantes y no solo llamarles la atención o decirles qué hacer. Hay que ayudarlos a despertarles su conciencia para que descubran las posibilidades que existen en el mundo. Así, en lugar de conformarse, podrían actuar para transformar sus vidas desde pequeños, para que fueran explotando todo su potencial. De este modo, su aprendizaje sería más duradero, porque propiciaría la reflexión y la crítica.

Por eso, si tienes hijos, déjalos que se equivoquen. Regálales esa libertad. Permíteles cometer errores, porque LOS ERRORES RESULTAN MUCHO MENOS PERJUDICIALES CUANDO SON NIÑOS QUE DE ADULTOS. Es fundamental enseñarles la importancia de respetar, pero dejando que fallen. Ellos no saben menos de la vida por ser más pequeños. Como padres, no repitamos los mismos errores que cometieron con nosotros. Podemos ir sembrándoles la creencia a los niños, desde hoy, de que es posible lo imposible y que esto implica que el error sea una parte fundamental del proceso.

Si les permitimos a los nuestros que cometan sus errores de pequeños, de grandes los convertirán en experiencia. Y yo tengo un truco para ello: mi esposa y yo les hemos dado dinero a todos nuestros hijos, desde que iban al kínder, para que se compren cualquier cosa en la escuela. Y en una ocasión, una de sus maestras me dijo: "Señor Villalobos, ya no le dé

> SI LES PERMITIMOS A LOS NUESTROS QUE COMETAN SUS ERRORES DE PEQUEÑOS, DE GRANDES LOS CONVERTIRÁN EN EXPERIENCIA.

dinero a su hijo Zeus, porque cuando compra en la tienda de la escuela, no le regresan el cambio y ni cuenta se da". Yo le dije que no había problema, que dejara que mi hijo aprendiera por sí solo que lo estaban engañando. Ahora, Zeus ya sabe contar bien el dinero e incluso quiere tener una cuenta en el banco. Terminó reparando en su error y tuvo que aprender mejor las matemáticas para que dejaran de aprovecharse de él.

Tenemos la falsa idea de que los niños no están preparados para tomar decisiones, pero si dejamos que se equivoquen, les ayudamos a que sus cerebros se vayan moldeando para aprender de sus errores y que puedan DECIDIR MEJOR.

Este mismo principio es, justamente, el que debemos aplicar con nosotros como adultos. Somos como niños grandes que ahora manejamos

un auto, pagamos una hipoteca y los servicios de la casa, pero desperdiciamos la gran oportunidad de aprender de nuestras equivocaciones y reeducarnos para aprovechar esa EXPERIENCIA. Por eso, si fallo en algo, ¿qué pasa? ¿Cómo se le llama a esa situación? ¿Fracaso? No, se le debería de llamar costo de aprendizaje. Un costo absolutamente necesario para el desarrollo de todo ser humano. Experimentar el fracaso es necesario y todos debemos permitirnos fallar. Aprenderemos de los errores, y crearemos mecanismos de defensa para avanzar y no desmoronarnos ante ellos.

NO TE OLVIDES DE PONER UNA CONDICIÓN

Te aleccionaron con el "no", inculcándote miedo a la autoridad, a la gente, a tu entorno, a la vida. Fuiste educado viendo tus errores, comparándote con los demás porque "no eres como tu hermano", porque "no eres como tu vecina". ¿Qué pasó con todo esto? Generó una personalidad en ti que contiene a tu carácter y los rasgos que te distinguen como persona. Forjaste esa personalidad sin creer en ti mismo, o creyendo a medias, porque "solo los grandes genios pueden conseguir la vida que siempre han soñado". Construiste un pensamiento que justificaba sentirte infeliz, pues "qué se le va a hacer, así soy y así siempre he sido".

NO, QUERIDO LECTOR, DÉJALES LAS EXCUSAS A QUIENES LES IMPORTE UN PEPINO LA VIDA. Sé que tú no eres así, ¿y sabes por qué estoy convencido de ello? Porque te diste la oportunidad de leer este libro. Sigue leyendo. Sigue confiando en esta aventura de hacer posibles tus proyectos. Pero, antes, deja de temerle al error, porque lo único que eso provoca es que sigas reprimiendo tu mecanismo del deseo y esto dificultará que tengas la vida que quieres.

Gracias a que anhelamos, hemos podido hacer cosas que creíamos imposibles, como llegar a la luna. Pero a través de la educación del "no", de solo ver los errores, de implementar el miedo y reprimir el deseo, estamos bloqueando muchas posibilidades en nuestras vidas. No es excusa que hayas tenido una educación así. Tú y miles de personas más también tuvieron esas mismas circunstancias, e incluso peores, pero aprendieron de ellas y modificaron su vida. ¿Recuerdas a Stephen Hawking? Imagínate qué hubiera sido de él si en lugar de luchar, pese al dolor y las dificultades, se hubiera quedado en la imposibilidad y en el miedo. ¡Qué vida tan distinta hubiera tenido!

> SIGUE CONFIANDO EN ESTA AVENTURA DE HACER POSIBLES TUS PROYECTOS.

En nuestro inconsciente está asociado el dolor con LA LUCHA por lo que queremos. ¿Y cómo reacciona nuestro cerebro ante esto? Ya lo sabes, lo vimos en el capítulo anterior. Nos grita: "¡Huye!".

Es como ese elefante que de pequeño tenía una gran energía y un deseo salvaje de libertad, pero, ya de adulto, después de que le pusieron un grillete en el tobillo para domesticarlo, en cuanto ve la cadena recuerda algo negativo. Así, su fuerza de toneladas de poder es anulada por un recuerdo doloroso. Eso es lo que pasa con el mecanismo del deseo. Por ello bajan tus estándares de lucha. Perdimos el interés y el empuje para hacer algo con nuestras vidas. Algo muy triste y preocupante, pero que tiene solución. REACTIVA EL MECANISMO DEL DESEO QUE LLEVAS DENTRO CAMBIANDO TUS CREENCIAS LIMITANTES POR LA ABSOLUTA POSIBILIDAD. Puedes cambiar, puedes aprender nuevas cosas y puedes entrenar tu mente. Pero para fomentar que este mecanismo funcione, tienes que tener muy claro cuál es su objetivo, ya que en esta vida hay que cumplir con una serie de requisitos o condiciones para obtener lo que queremos.

¿Aspiras a ser un mejor jefe? ¿Tener la casa de tus sueños? ¿Emprender un nuevo proyecto? ¿Conseguir una mejor relación con tu familia? ¿Encontrar al amor de tu vida? Empieza a decirle sí a todo, pero pon una condición. Deja de ponerte límites en tus logros o en tus capacidades y toma en cuenta qué es lo que necesitas para alcanzar tus metas. Así es la vida.

¿Quieres comprar ese auto? Esta es la condición: paga equis cantidad de dinero. ¿Cómo conseguir esa equis cantidad? Trabajando y ahorrando. Si cumples con todos los requisitos, obtendrás lo que quieres. ¿Pretendes dedicarte a otra cosa que no está relacionada con lo que estudiaste? Esta es la condición: prepárate económica y mentalmente para hacer el cambio. Dedícale mucho tiempo de estudio, investiga en dónde y en qué momento puedes hacer LA TRANSICIÓN y, cuando veas que el terreno está listo, ¡arrójate a la nueva aventura! Que algo no sea gratuito y fácil no significa que sea imposible.

LO QUE DESEAMOS ES POSIBLE, SIEMPRE Y CUANDO CUMPLAMOS CON LAS CONDICIONES.

Tampoco es que abandones todo lo que has hecho y te arrojes con los ojos cerrados a conseguir algún cambio. Al contrario, el punto es que aproveches tus experiencias, te pongas metas pequeñas y vayas obteniendo lo que anhelas. Más adelante te iré diciendo, paso a paso, cómo llevar a cabo el método de los genios para que consigas el éxito en tus planes.

Tenemos que educarnos a nosotros mismos y a nuestro cerebro para creer que lo que deseamos es posible, siempre y cuando cumplamos con las condiciones. Sin embargo, todos los días nos enfrentamos con historias de superhéroes, quienes están llenos de virtudes gracias a que algo externo les cambió su ADN o a que una pócima mágica los ayudó. Vivimos alrededor de narrativas que nos dicen que de la noche a la mañana la gente logra lo que quiere. Con ello, socialmente estamos descalificando la estrategia del "paso a paso", del "poco a poco". Y esta es la única manera de construir un proyecto de vida grande.

De acuerdo, fuiste víctima de un modelo de educación que te bloqueó tu mecanismo del deseo. Es por eso por lo que hoy tienes miedo y le dices que "no" a tantas oportunidades que se te presentan: a ese nuevo proyecto, a esa nueva inversión, al cambio. APRENDISTE A TEMERLE AL MUNDO, A JUSTIFICAR TU PASIVIDAD Y A ENCONTRAR RAZONES PARA DETENERTE. Pero ¿te digo algo? Deja de posponer tu vida y de decirle que "no". Cambia tu discurso al "sí" y ponte una condición. Verás que encuentras la fuerza necesaria para realizar lo que te propongas, ¡te lo garantizo! El deseo es igual a un motor y ese motor tiene que ayudarte a llevar a la acción tus sueños, tus pensamientos, tus ideas.

Haz posible lo imposible. ELEVA TUS ESTÁNDARES, NO TE CONFORMES CON DESEOS PEQUEÑOS. Por ejemplo: la energía psicológica que se requiere para trabajar por un auto de segunda mano es la misma que se necesita para trabajar por uno nuevo. El deseo y la energía psicológica van directamente entrelazados y ambos están dentro de ti. El deseo es un poder y el límite lo pones tú. Por ello, increméntalo, pero también préstale atención a lo que quieres, porque si anhelas tonterías, provocarás acciones torpes. Ten mucho cuidado con los deseos que tienes. Justifícalos con proyectos nobles que ayuden a tu familia, a la humanidad, a tu entorno. De esta forma generarás una mejor energía que fluirá a tu favor, como si todo el universo estuviera conectado. Si tu deseo va de la mano con hacerle un bien a la sociedad, tendrás una fuerza infinita apoyándote para construir tu sueño.

Aprende a utilizar el mecanismo del deseo. Despiértalo. Si tuviste una niñez difícil que coartó tu espíritu de aventura, perdona y cambia la página. Dejar ir no significa tener la valentía para simplemente soltar el pasado. En cambio, es tener la sabiduría para aceptar el presente y recibirlo con amor. PERDONA, SUELTA AQUELLO QUE TE HAYA HERIDO. RÍETE DE TI MISMO Y DE TUS MIEDOS Y CONSTRUYE NUEVAS CREENCIAS que te permitan formar una mejor versión de tu persona. No mañana, ni la otra semana, ni el próximo mes, hazlo posible hoy. Ya sabes que puedes. Ahora conviértelo en tu nueva ideología.

ENORGULLÉCETE DE TUS CICATRICES

En una ocasión, –me tocó dar una conferencia para la comunidad latina en Londres– fui testigo de cómo es posible aprovechar los errores para construir mejores enseñanzas. Me hallaba en una cafetería, muy cómodo, cuando de pronto, en la mesa que se encontraba detrás de mí, escuché que se había roto una taza. Volteé y vi que un niño la había roto accidentalmente. Miré a la mamá de ese niño y ya me estaba imaginando cómo lo iba a regañar, pero no ocurrió nada de eso. En cambio, lo primero que hizo la señora fue preguntarle a su hijo si estaba bien. Después, pidió que le dieran un recipiente para recoger los pedazos de la taza rota, los levantó y los guardó en su bolsa de mano.

Me quedé sorprendido porque no hubo ni un instante en el que esa mamá le levantara la voz a su hijo. Esto me causó mucha curiosidad, así que, cuando salieron del lugar, decidí acercarme a ellos. Le dije a la mamá que yo era psicólogo y que necesitaba preguntarle por qué no había reprendido a su hijo. Ella me miró extrañada, pero muy cordialmente me respondió: "Cuando vi los pedazos, se me ocurrió que podría ayudarlo a hacer su primera obra de arte con ellos, para que aprenda que de los errores también se puede construir algo". Quedé pasmado ante su respuesta.

No solo le mostró a su hijo que de las equivocaciones es posible aprender, sino que, al mismo tiempo, educó su mente permitiéndole explotar su CREATIVIDAD ANTE LAS ADVERSIDADES. No exagero, lo que sucedió fue real. Y no se engañen: es mucho más constructivo pensar de este modo.

Hay una técnica japonesa, muy particular, para arreglar las fracturas de la cerámica con un barniz mezclado con polvo de oro. Esta técnica es llamada *Kintsugi* y proviene de una filosofía que afirma que las roturas forman parte de la historia del objeto, por lo que deben mostrarse en lugar de ocultarse. Se tienen que incorporar a la belleza del objeto, porque son evidencia de su historia y su transformación. Lo que hace que me pregunte: ¿y si aplicáramos este mismo concepto con nosotros mismos? ¿SI NOS CONSTRUIMOS EN LUGAR DE DESTRUIRNOS, CON LAS PIEZAS QUE NOS TOCARON, CON LO QUE TENEMOS HOY, CON LO QUE SOMOS? ¿Qué pasaría si renunciáramos a avergonzarnos por lo que hemos sido, dejáramos todo eso al descubierto e hiciéramos de nuestra vida la mejor obra de arte? ¡Cuántas nuevas posibilidades podrían darse si todos hiciéramos esta prueba! Aprovechar lo que existe, lo que somos, lo que hemos sido, y crear una nueva y mejor persona de nosotros mismos con todo eso.

No tiene mucho sentido hacer las cosas si no amas, si no te diviertes y no aprendes con lo que haces. Tampoco tiene mucho sentido cometer errores con algo tan básico como asociar con dolor aquello que implica un esfuerzo extra. Así que déjame aclararte algo: todos aquellos que consideramos genios no se libraron del esfuerzo extra. Debes dejar de ver como una carga, o como una tarea engorrosa y difícil, esforzarte para hacer posible lo imposible. Esa perspectiva te impedirá explotar la genialidad que llevas dentro. Intenta, en cambio, hacer divertido tu proceso de reeducación. La mejor manera de sentirte motivado es activando tu mecanismo del deseo. ¿Quieres incrementar tu fuerza para despertar en la mañana? Multiplica tus deseos. ¿Ansías aumentar tu energía para emprender un proyecto de vida y continuar y continuar y JAMÁS DETENERTE? Incrementa tus deseos. Deja de darte pequeños placeres, no disminuyas tus niveles de exigencia.

> NO TE CONFORMES CON SER NORMAL Y QUE TU MEDIA SEA SER EXTRAORDINARIO.

APRENDE A DECIRLE SÍ A TUS PROYECTOS, DEJA DE TEMERLE A LA VIDA, PERO NO OLVIDES PONERTE UNA CONDICIÓN.

No te conformes con ser normal y que tu media sea ser extraordinario.

Recuerda que cuando nos enfocamos en nuestros errores, solo vemos errores. No te centres únicamente en aquello que te sale mal, que te cuesta trabajo o que no te gusta. Y ten cuidado, porque actuar así programa tu cerebro para ver las cosas negativas, volviéndote perezoso y conformista. Y ninguna de estas características te ayudará a conseguir tus objetivos. Por el contrario, te focalizarán en tus impedimentos y te llenarán de profunda infelicidad.

Entiendo que no nos enseñaron a definir nuestras creencias. Es decir, nos educaron para creer que valía más la opinión de los demás que la nuestra. Por esto, lo que el otro decía determinaba nuestra conducta. Sin embargo, tener una voz propia también significa autoestima. ¿O a quiénes admiramos como sociedad? Principalmente a aquellos que tienen voz propia y una opinión original que se destaca de la del resto. Y estas son condiciones esenciales para poder estar bien con uno mismo.

El problema es que le tenemos miedo a equivocarnos y a cambiar nuestras conductas porque nuestro modelo de educación evalúa el error. Además, EN EL CAMINO AL ÉXITO BUSCAMOS TOMAR ATAJOS Y CONSEGUIR LA GRATIFICACIÓN INMEDIATA. Y son justamente estas razones, el miedo a equivocarnos y la búsqueda de gratificaciones inmediatas, las que no nos hacen bien. Si solo quieres cosas materiales, las vas a obtener muy pronto, pero tan rápido como llega la satisfacción se desvanece el deseo de luchar por lo que se ama. Por eso, postergar la gratificación inmediata es tan importante.

Me dirás: "Pero, Omar, la realidad es que no recibo apoyo de nadie cuando me aventuro a un proyecto diferente". Claro, eso pasa en muchos casos, lo que representa una enorme contradicción: ¿cómo queremos que las personas tengan grandes ideas si inmediatamente nos burlamos de ellas? Si juzgamos una idea distinta y única como algo loco y sin sentido, menospreciamos a esa persona, le decimos que no sabe y la criticamos fuertemente. Y así no se fomenta la creatividad. Las ideas nacen de una necesidad personal: estoy disconforme con tal o cual cosa y busco cómo cambiar mis circunstancias. En el fondo, LA CREATIVIDAD SIEMPRE NACE DE UNA INSATISFACCIÓN.

Ahora me gustaría contarte una anécdota. Un día le pidieron una tarea a Juan Pablo, uno de mis hijos mayores, que iba a un colegio religioso. Entonces me pidió que lo ayudara. Se acercó y me preguntó: "Papá, ¿qué es el pecado?". Le respondí que era su tarea y que él tenía que investigarlo. Así que se acercó al maestro Google y encontró varias definiciones, por lo que me dijo después: "¿Cuál escojo? ¿Cuál es la buena?". Le respondí: "¿Cómo te llamas? Juan Pablo. ¿Por qué te llamas así? Porque tu mamá y yo elegimos ese nombre. ¿Entonces?". Me miró como diciendo: "Sí, ya sé, ya sé, yo tengo que elegirla".

Días después me llamaron del colegio para preguntarme si estaba completamente seguro de que quería que mi hijo estudiara ahí. Su maestra me mostró la tarea, en donde vi que Juan Pablo había elegido una definición del pecado que iba

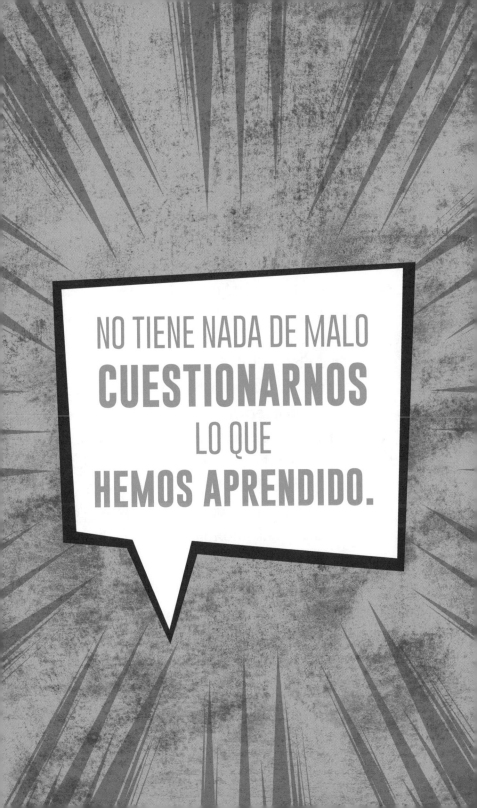

en contra de toda la enseñanza de la escuela. Obviamente, me quedé sin palabras porque no me esperaba eso. Pero en realidad ese día entendí que había un abismo en nuestras creencias y que eso no era bueno ni malo.

Fíjate qué diferencia hay entre la antigua generación y la de ahora. Cualquier duda que yo tenía cuando era pequeño se la preguntaba a mis papás. Ellos representaban LA AUTORIDAD y así fui educado. Sin embargo, los niños de ahora parece que dan por sentado que no sabemos nada y buscan información en internet. ¡Y consultan en YouTube sus dudas! Esto cambia la manera en la que estamos aprendiendo. ¿Y por qué te lo menciono? Porque la gran mayoría de los que somos adultos en el presente no tuvimos la fortuna de explorar distintas fuentes de información. Sé que hay que enseñarles a nuestros hijos a elegir contenidos de calidad, pero lo que quiero demostrarte con esto es que hay una brecha enorme en las creencias que nosotros tenemos frente a las de los niños. No son buenas ni malas, pero es posible actualizarlas, por ejemplo, evolucionando hacia el "sí".

No demos por sentado que únicamente lo que nos enseñaron nuestros padres o nuestra familia cuando éramos pequeños representa la verdad absoluta. No tiene nada de malo cuestionarnos lo que hemos aprendido y evaluarlo para poder hacer posibles nuestros sueños. Tenemos que permitirnos ser quienes siempre hemos querido. Y evitar repetir los mismos errores que nuestros padres tuvieron con nosotros. Aprende a decirles sí a tus proyectos, deja de temerle a la vida, pero no olvides ponerte una condición. Nada es gratuito.

COMPROMÉTETE DESDE HOY

Ahora sabes el origen de esta forma de pensar que tienes, pero también sabes que la puedes cambiar. Solo está en ti decidir hacerlo y comenzar la transformación. Estoy convencido de que CREER EN LA ABSOLUTA POSIBILIDAD ES, SIN DUDA, LA ÚNICA DE LAS MÁXIMAS QUE SOSTIENE UN GRAN PUNTO DE ENCUENTRO EN LA VIDA DE TODOS LOS GENIOS.

Una vez que comiences a pensar de esta manera, quizá te encuentres con gente que te diga que eres un idealista, UN SOÑADOR, UN LOCO, pero eso no tiene nada de malo. Desde pintores de distintas corrientes hasta eminencias de la ciencia, los deportes y los negocios han creído en la absoluta posibilidad.

Me gustaría que te abrieras a adoptar la creencia de que todo es posible. Cualquier cosa que quieras lograr: desde volar —recuerda a los hermanos Wright, pioneros de la aviación— hasta tener tu casa propia, ser tu propio jefe, vivir en otro país… Si verdaderamente crees en esta premisa, se convertirá en un motor que te impulsará a cumplir con tu proyecto de vida. Porque, ¿cuáles son esas grandes diferencias entre una persona que cree en la absoluta posibilidad y una que no? La persona que sí cree no deja de luchar cuando se cansa, el dolor no la detiene y continúa, pese a cualquier adversidad.

> LO IMPORTANTE ES QUE TE MANTENGAS FIRME FRENTE A TUS PROPÓSITOS Y ESTÉS CONVENCIDO DE QUE LO QUE HACES ES POR TI.

En una ocasión en la que uno de mis hijos más chicos se sintió muy decepcionado y triste porque no lo habían seleccionado en un equipo de futbol, decidí ayudarlo contándole una historia sobre el crecimiento y la transformación personal. Se había esforzado para conseguir esa meta, pero no lo suficiente para obtenerla, así que era importante que supiera que no debía claudicar y que, SI ESO ERA LO QUE MÁS DESEABA EN LA VIDA, NO ESCUCHARA NADA MÁS QUE A SU INTERIOR. Ese día mi hijo llegó con el corazón roto, cabizbajo y, como padre, lo primero que hice fue abrazarlo. Cuando estuvo más calmado, le empecé a contar la siguiente fábula.

Había una vez dos ranas que iban platicando alegremente en el camino, cuando se encontraron a otras dos amigas con las que se fueron a jugar lejos de su casa. Llegaron a un parque, y una de ellas se dio cuenta de que se habían alejado mucho de su hogar, por lo que insistió en que regresaran. "No podemos estar aquí —les dijo, temerosa—, volvamos ya porque si no, nos van a regañar nuestros papás". Pero una de las ranas le contestó: "Seamos valientes y adentrémonos en el

parque. Allá tendremos más espacio, y podremos saltar y nadar mejor". Las otras dos asintieron emocionadas, así que a la rana temerosa no le quedó más que seguir a sus tres amigas.

Conforme iban avanzando, dos de ellas competían para ver quién saltaba más alto, cuando, de pronto, ambas cayeron en un hoyo profundo, tan profundo que intentaron salir saltando, pero parecía una tarea imposible. Las dos ranas que se habían quedado arriba, asustadas y desesperadas, les gritaban: "¡ESFUÉRCENSE! SALTEN MÁS ALTO. ¡Ayúdense entre ustedes!". Intentaron subirse una sobre la otra para alcanzar más altura al saltar, pero no lo consiguieron. Saltaron, saltaron y saltaron, pero no lograban salir del hoyo. Era demasiado desgaste para las dos, pero volvieron a tratar de impulsarse una encima de la otra, cuando una de ellas se cayó y murió.

Al ver esto, las dos que estaban arriba le dijeron a la de abajo: "¡No saltes más, espera!". Le gritaron con todas sus fuerzas: "¡Ya no sigas saltando, te vas a lastimar, espera, espera, espera!". La temerosa corrió por ayuda. Llegaron más ranas al rescate y, al darse cuenta de que no iba a poder salir de ahí sin lastimarse, todas se unieron y le gritaron que no se esforzara más. Pero la rana de abajo no les hacía caso, y continuó en lo suyo hasta que logró lo imposible y salió del hoyo. Todas las demás ranas se le acercaron en ese instante y le dijeron que era maravillosa, que a pesar de que le gritaron que dejara de saltar, ella había luchado por salir. Pero entonces la rana las miró extrañada y les dijo: "¿Qué dicen? Háblenme más fuerte porque, cuando me caí al hoyo, me pegué en la cabeza y no escucho bien. Les quiero dar las gracias porque, si no hubiera sido por sus gritos de aliento y por sus palabras de emoción, yo no hubiera tenido la fuerza para salir y probablemente estaría muerta". La rana no había escuchado las advertencias. Utilizó uno de sus poderes más grandes: el de la interpretación. Cambió el significado de lo que le decían y gracias a eso consiguió salir con vida.

> ¿QUÉ OCURRIRÍA SI TUVIERAS UNA CREENCIA PERSONAL QUE TE DIJERA QUE LAS POSIBILIDADES SON INFINITAS?

Querido amigo, querida amiga, ¿qué pasaría en tu vida si a partir de hoy empezaras a creer en la absoluta posibilidad? ¿Qué sucedería si no escucharas LOS MIEDOS y los "no puedo"? ¿Qué ocurriría si tuvieras una creencia personal que te dijera que las posibilidades son infinitas? Te propongo algo. Toma una hoja en blanco y titúlala: "Contrato personal de la absoluta posibilidad". Luego, escribe yo *(tu nombre y apellido)*, y el siguiente texto:

Me comprometo a ser fiel conmigo mismo, pese a lo que los demás digan. A partir de hoy, reeducaré mi mente para establecer nuevas creencias y formar en mi interior una nueva ideología, una ideología sobre la absoluta posibilidad, la ideología que asegura que es posible lo imposible. Estaré dispuesto, en la salud y en la enfermedad, a perseguir mis sueños y a incrementar mis deseos. En el presente, le digo "sí" a la vida y dejo atrás las creencias que me han hecho infeliz. Me comprometo a ir construyendo lo que siempre he querido, a abrirme al cambio y a aprender de mis errores sin temor a equivocarme. Soy capaz de explotar la genialidad que llevo dentro y de conseguir todas mis metas. Es posible lo imposible.

Ahora, firma ese documento y tenlo en un lugar donde puedas verlo continuamente. Es importante que lo escribas tú mismo para que reconozcas tu letra cada vez que lo leas. Además, así se vuelve más personal. Recuerda que este compromiso es una promesa que no puedes tomar a la ligera. Jamás debes romperla. COMPROMETERSE ES PARTE DE SER ADULTO Y DE MADURAR, Y ES EL PRIMER PASO PARA CUMPLIR TUS SUEÑOS. Es posible alcanzar cada una de tus metas soñadas. Pero, cuidado, las dudas naturalmente aparecerán cuando inicies el viaje, lo que no tiene nada de malo, lo importante es que te mantengas firme frente a tus propósitos y estés convencido de que lo que haces es por ti y para convertirte en una mejor versión de ti mismo. Cuando la gente racionaliza esta creencia, en el fondo, lo primero que aparece es el miedo a atreverse a vivir su proyecto de vida, que es normal, pero no debe paralizarnos.

Evitemos mirar este nuevo acercamiento a la vida a través de la lupa de aquellos que sienten que tienen una SUPERIORIDAD MORAL O INTELECTUAL. Mejor aprovecha tu energía para empezar a creer en ti, para salir de tu zona de confort y rechazar la idea de que la única forma de existir es siendo infeliz. ¡No tiene que ser así! Por ello, te invito a enfrentar tus temores y atreverte. Inserta en tu cerebro esta ideología: ¡sí es posible lo imposible! Y pon una serie de condiciones para conseguir tus primeros objetivos.

CAPÍTULO 3

AÚN FALTA QUE ABORDEMOS ALGUNAS PARTICULARIDADES MÁS PARA QUE PUEDAS HACER POSIBLE TU PROYECTO DE VIDA. PERO ANTES DE SEGUIR ADELANTE, QUIERO FELICITARTE. ES ADMIRABLE QUE, PESE A LOS TEMORES QUE PUEDAN GENERARTE LOS CAMBIOS, CONTINÚES LEYENDO.

ESTO DEMUESTRA QUE ESTÁS EN EL CAMINO DEL "SÍ" Y QUE VAS DEJANDO ATRÁS LA EDUCACIÓN DEL "NO". NUNCA OLVIDES QUE EL CONOCIMIENTO ES LA GRAN VÍA HACIA UNA EXISTENCIA PLENA.

STEVE JOBS FUE DESPEDIDO DE SU PROPIA EMPRESA

Nadie puede negar que Steve Jobs impactó sobre muchas vidas y que, en la actualidad, todavía sigue influyéndolas en varios sentidos. Aunque ni él ni ninguno de los otros personajes que he puesto como ejemplo fueron perfectos, es sorprendente todo lo que podemos rescatar de la historia de este extraordinario emprendedor.

Steve Jobs consiguió lo que muchos, en su momento, creyeron imposible. Fue despedido de Apple en 1985, compañía que él mismo había fundado, pero, luego de diez años, a punto de que la empresa cayera en bancarrota, los grandes ejecutivos decidieron recontratarlo para que asumiera el control. Regresó como un hombre mucho más maduro y con la experiencia necesaria para poder hacerse cargo de semejante empresa.

Lo que ocurrió tras su llegada fue uno de los eventos más insólitos que han acontecido en el mundo de los negocios. Logró un renacimiento sin igual de la compañía, con fantásticos e innovadores productos tecnológicos que cambiaron la manera que teníamos hasta ese entonces de ver el mundo —¿te suenan el iPod o el iPhone?—. Con su regreso, Jobs transformó la casi quebrada Apple en la empresa con más valor en Estados Unidos, incluso mientras muchos sostuvieron un fuerte escepticismo alrededor de su regreso.

El mismo Jobs relata en una entrevista que haber sido expulsado de su compañía le causó un gran dolor, pero, tiempo después, se dio cuenta de que FUE LO MEJOR QUE LE HABÍA PASADO EN LA VIDA. ¿Por qué diría eso? Porque le dio la oportunidad de entrar en uno de los periodos más creativos de su carrera. Creó las empresas NeXT y Pixar y, además, conoció a su esposa, de quien estuvo profundamente enamorado. ¿Por qué le ayudó esto en su regreso a la empresa que él mismo había fundado? La tecnología usada en la compañía NeXT fue la que le sirvió como base del diseño de las nuevas computadoras de Apple.

Fíjate qué importante es esto último. Solemos desprestigiar el pasado o nos enganchamos a él para lamentarnos por las condiciones presentes, pero en raras ocasiones nos damos la oportunidad de verlo como clave para nuestro desarrollo personal. Por ello, jamás veas lo que has vivido y aprendido como un desperdicio. TE ASEGURO QUE LLEGARÁ UN DÍA EN EL QUE VOLVERÁS LA MIRADA Y RECONOCERÁS LA IMPORTANCIA DE TU PASADO. Sin embargo, la única manera de que el pasado se vuelva trascendental es aprendiendo de él. Quizá cinco años después de que hayas leído *Haz posible lo imposible* y tengas la vida que siempre has anhelado digas: "Qué buena inversión fue haber comprado el libro de Omar". Es lo que espero, de corazón.

Aunque a Steve Jobs le fue muy bien en su intensa y fugaz vida —falleció apenas a los 56 años—, nada de lo que consiguió fue sencillo. Tampoco nació con las habilidades que lo hicieron llegar tan lejos. Todo lo contrario, desarrolló su genialidad cumpliendo con varias de aquellas premisas que te he

LA ÚNICA MANERA DE QUE EL PASADO SE VUELVA TRASCENDENTAL ES APRENDIENDO DE ÉL.

compartido a lo largo del libro, premisas que me gustaría que pongamos en práctica usando como ejemplo la vida de Jobs. Si él no hubiera tenido en su ideología la creencia de que es posible lo imposible, cuando tenía 12 años, no habría llamado a Bill Hewlett —cofundador de la empresa Hewlett-Packard— para decirle que estaba haciendo un instrumento y que necesitaba repuestos. Si no hubiera tenido encendido el mecanismo del deseo que le decía que todo era posible y que luchara por OBTENER LO QUE QUERÍA, no hubiera conseguido, tras esa llamada, un trabajo de verano que el mismo Hewlett le ofreció en su empresa. Y si no hubiera actuado con esa creencia, tampoco habría conocido la primera computadora de escritorio, experiencia que lo marcó de por vida y que influyó muchísimo en su visión.

¿ERES DE LAS PERSONAS QUE SE PONEN METAS QUE ROMPEN EN LA PRIMERA DECEPCIÓN?

Si Jobs no hubiera estado movido por la pasión, que siempre lo caracterizó, y hubiera tenido sus emociones estancadas, no se habría comprometido ni entregado de lleno a sus sueños, para los que fue estableciendo objetivos para alcanzarlos. De igual modo, desde joven, y a pesar de que no había terminado una educación formal, siempre se mantuvo estudiando todo tipo de temas porque sabía que era la única manera de obtener la capacidad para emprender sus proyectos.

No cabe duda de que este personaje creía en la absoluta posibilidad, en sí mismo y en la importancia de AMAR LO QUE HACÍA. Los resultados están a la vista de todo el mundo. Pero lo que quiero generar en ti con este ejemplo no es que te quedes suspirando como quien ve inalcanzable algo que admira y anhela. Deseo que lo tomes como evidencia y aprendizaje para que recuerdes que ya no tienes pretextos que te impidan desarrollar tu genialidad. Deja de creer que no es posible lo imposible y comienza a ser esa persona que quieres. ¡Tu momento es ahora!

CELEBRAR EL PASADO HOY

¿Eres de las personas que postergan sus objetivos? ¿O tal vez eres de las personas que se ponen metas que rompen en la primera decepción? Te pregunto porque busco que reflexiones sobre el tipo de comportamientos que suelen moldear tu realidad. Muchas veces nos olvidamos de que los seres humanos SOMOS ENTES REPETITIVOS, es decir, de hábitos, rutinas y costumbres. Por ello, si no sigues el método de los genios que hemos visto hasta aquí, te será mucho más difícil cumplir con tus metas porque tu cuerpo y tu mente están acostumbrados a seguir ciertos patrones de conducta. Como sabes, el 90 % del cerebro funciona en automático, por lo que puedes deducir fácilmente qué será aquello que te dirá cuando te propongas algo: "Qué pereza hacer tal o cual cosa".

UNA CARACTERÍSTICA FUNDAMENTAL QUE TIENEN LOS QUE CONSIGUEN SUS METAS ES QUE APROVECHAN LAS EXPERIENCIAS ANTERIORES. No desacreditan su pasado, sino que lo usan a su favor para el futuro que se imaginan y el presente que viven. Justamente por esta condición es que quiero aclararte algo sustancial antes de que continúes leyendo. Por favor, cuando acabes el libro y te sientas muy entusiasmado porque por fin vas a poder realizar tus sueños, no cometas el grandísimo error de decirte: "Desde hoy, empezaré de cero y pondré en práctica todo lo que Omar me ha dicho". ¡No! Eso no es lo que te he compartido. Pero si así lo sientes en este momento, qué mejor que te explique ahora por qué ese no es el camino de la absoluta posibilidad.

Si haces eso, no hay aprendizaje ni experiencia, y los seres humanos somos evolutivos. Es decir, nuestras necesidades se van transformando y cambiando, al igual que nuestros gustos, los conceptos de belleza, de inteligencia, los deseos, las ambiciones, etc. Entonces, si quieres "empezar de cero", estás descalificando toda tu experiencia de vida. Es como si dijeras que nada del pasado importa. Mejor imagina que estás construyendo un edificio inconcluso y este año, en el que desarrollarás tu genialidad y pondrás en práctica tu proyecto de vida, vas hacia el siguiente nivel. Porque en el fondo somos una especie de construcción y todavía no estamos terminados. Te encuentras poniendo los ladrillos para crearte: algunos van en la fachada; otros, en el acabado o bien en los cimientos, pero cada uno va en una etapa distinta de construcción. Por eso, desde hoy empieza a sumar la experiencia de años anteriores: ¿EN QUÉ TE EQUIVOCASTE? ¿QUÉ APRENDISTE? ¿EN QUÉ PUEDES MEJORAR? ¿EN QUÉ NIVEL ESTÁS? Y, A PARTIR DE AQUÍ, COMIENZA. Para el cerebro es desgastante tener que iniciar de cero. ¡Imagínate si todas las personas que admiras hubieran descartado sus experiencias previas! No habrían conseguido nada de lo que tienen y seguramente ni siquiera existirían en la historia de los grandes genios.

Otra particularidad de la gente triunfadora son las pequeñas victorias que están relacionadas con las metas alcanzables. "Oye, Omar, ya me hablaste de esto en el primer capítulo, ¿por qué

lo mencionas de nuevo?". Si esto te cruzó por la mente, te felicito, porque significa que estás poniendo atención y que lo que hemos visto ha dejado una huella en tu memoria. Si no, no te preocupes, atiende lo que te diré a continuación y ponlo en práctica para que el conocimiento no se quede solo en la teoría, y te sea más sencillo aprender.

Por lo general, cuando la gente está muy emocionada tiende a ponerse metas demasiado grandes, debido a que esto produce mucho placer y a que pierden de vista la enseñanza de sus experiencias anteriores. Pero, en la cotidianeidad, una vez que pasa el efecto del entusiasmo, una meta muy grande confrontada con la realidad puede provocar todo lo contrario: depresión y desmotivación, porque pensamos que nos falta muchísimo tiempo para conseguirla. Entonces, EL SECRETO ES HACER PEQUEÑOS CAMBIOS Y PEQUEÑOS ACERCAMIENTOS HACIA EL LUGAR DONDE QUIERES LLEGAR, SIEMPRE CONSIDERANDO LO QUE TE HA FUNCIONADO EN EL PASADO Y, SOBRE TODO, LO QUE NO.

Supongamos que te gustaría escribir tus memorias, pero no tienes ni idea de cómo hacerlo. Una de las frases que me encanta rescatar sobre la lectura es una cita del gran escritor argentino Jorge Luis Borges, quien decía al respecto: "Que otros se enorgullezcan por lo que han escrito, yo me enorgullezco por lo que he leído". ¿Cuál es la finalidad de decirte esto? Si quieres escribir, así sean tus memorias, cuentos para niños, una novela o un libro que te ayude a hacer posibles tus sueños, deberás ponerte, en primer lugar, la pequeña meta de leer al menos dos libros al mes. Y estoy seguro de que eso es poco, porque para poder escribir, antes debes ser un ávido lector. Por lo tanto, necesitarías iniciar con ese pequeño cambio en tu rutina para después ponerte metas todavía más ambiciosas. NO TIENE NADA DE MALO PENSAR EN OBJETIVOS ENORMES, PERO PARA PODER CONSEGUIRLOS SÍ ES IMPORTANTE QUE COMIENCES CON COSAS ALCANZABLES PARA OBTENER LOS RESULTADOS QUE ESPERAS.

Te aseguro que, conforme vayas consiguiendo esas pequeñas victorias, irás adquiriendo confianza en ti mismo. ¿Tú crees que yo un día me levanté y de la nada me puse a escribir libros? No, ha sido un trabajo arduo y constante, de años, basado en el método de los objetivos alcanzables. No existe otra forma, no hay atajos ni milagros que te cambien el chip de un día para otro. Por ello, las metas tienen que ser prácticas y realizables, y los actos para obtenerlas deben llevarse a cabo todos los días para poder celebrar las PEQUEÑAS VICTORIAS. Pero nada de esto será viable si no aceptas tu pasado y le das el crédito que merece. Reconocer los errores ayuda, pero es inútil si no aprendes de ellos. Usa a tu favor toda experiencia previa que hayas tenido. Eso te permitirá ser más consciente de las metas que te pongas para que, una vez que las obtengas, ahora sí celebres en grande. Esa sensación de haber conseguido algo es única. ¡Date la oportunidad de experimentarla! Una característica que distingue a la gente extraordinaria es muy sencilla y te aseguro que no pondrás ninguna resistencia a ella: entrenan su mente para LA FELICIDAD. Elígela como la bandera que guiará tu vida, como una cualidad de tu carácter, e invítala a que forme parte de tu cotidianeidad.

¿Por qué es importante que entrenes tu mente para la felicidad? Porque no es algo que traigas

¿QUÉ PERSONA SERÁS EN EL FUTURO?

innato; es algo que se construye. Y no será el dinero lo que te la dará. ¿O tú crees que la gente millonaria es feliz solo por tener dinero? Por si no lo sabías, existen muchos ricos infelices, así como personas con pocos recursos plenas y dichosas. La felicidad y el dinero son dos temas aparte. Por ello, reaprende el concepto de felicidad. Y no solo desde el enfoque material, económico y profesional, sino que DEBES APRENDER A MIRAR MÁS ALLÁ DE LOS MITOS Y LAS FALSAS CREENCIAS.

Los genios tuvieron la oportunidad de experimentar la felicidad de manera continua, se hicieron adictos a ella y, por eso, en cada uno de sus planes, persiguieron los resultados que querían para sentirse plenamente felices. Así que no te niegues este derecho. Sé feliz, aprovecha tu pasado y celebra las pequeñas victorias. Desarrollar la genialidad que llevas dentro es un proceso placentero que debes permitirte vivir. Te garantizo que no te arrepentirás.

NO EXISTE EL ÉXITO

¿Cómo vas a ponerte pequeñas metas, celebrar tus victorias y sentirte feliz si temes arriesgarte a vivir tus sueños? Para que esto cambie, es importante que aprendas algo en lo que me gusta insistir mucho: el futuro no existe, nunca ha existido ni nunca existirá. Solo puede existir como una posibilidad, ya que es un invento que cada uno crea en su cabeza. NO HAY FORMA DE QUE PUEDAS SABER LO QUE VA A OCURRIR MAÑANA, ASÍ SEAS LA PERSONA MÁS METÓDICA DEL PLANETA. ¿Qué habilidad nueva vas a aprender? ¿Qué pasatiempos vas a adquirir? ¿Qué país vas a conocer? ¿Qué vas a hacer la siguiente década? ¿A qué nivel conducirás tu negocio? ¿Qué persona serás en el futuro? ¿A dónde llevarás tu proyecto de vida? ¡Invéntalo! No te limites, pero al mismo tiempo sé realista: tampoco esperes que, si hoy eres empleado, mañana puedas comprar la empresa y ser el jefe de todos. Recuerda que necesitas decirle sí a la vida, pero también debes poner las condiciones que te permitan alcanzar todas tus metas.

SE PUEDEN OBTENER MUCHAS OPORTUNIDADES PARA HACER POSIBLE LO IMPOSIBLE, PERO SOLEMOS PONERNOS LÍMITES, INCLUSO ANTES DE INICIAR LOS PROYECTOS. A veces ni siquiera nos atrevemos a soñar porque, de antemano, pensamos que seguramente será un sueño irrealizable o que no tendremos las capacidades ni el talento para conseguirlo. Desconfiamos muchísimo de nuestras habilidades, pero ¿qué pasaría si fueras una persona que tuviera la firme creencia de que la vida que se imagina es posible? No te dejes frenar por el miedo. En cambio, aprovecha que el miedo y el dolor te hacen más fuerte. Convierte a ambos en poder y en experiencia para darte la libertad de soñar grandes cosas.

Además, considera que, si no existe el futuro, ¿por qué en tu mente hay uno doloroso? ¿Qué necesidad tienes de visualizar un panorama negativo si es una invención? Uno de los pesares que más OPRIMEN EL ESPÍRITU de la gente es la incertidumbre, y es lo mismo que conlleva a la angustia. Y como esta última es un sentimiento que conduce a pensar de forma negativa, el resultado son personas que no se atreven a vivir con plenitud porque temen que lo que desean no se cumpla o que ocurra lo peor.

Por eso, invéntate un futuro placentero. Cuando haces esto, tu cerebro secreta un neurotransmisor que se llama dopamina, el cual te da energía, te motiva y te proporciona alegría. Sin embargo, cuando te imaginas un futuro doloroso y terrible, el cerebro secreta noradrenalina, que es un neurotransmisor tóxico para tu cuerpo porque disminuye las defensas, la capacidad de pensar con claridad, y ataca todo tu sistema inmunológico.

> APROVECHA QUE EL MIEDO Y EL DOLOR TE HACEN MÁS FUERTE.

¿Qué pierdes al inventarte un futuro que sea extraordinario, más grande del que siempre has soñado? Deja de imaginar pronósticos desfavorables antes de arriesgarte a tener la vida que quieres. ¿Qué es lo peor que te puede pasar? ¿Que vivas el 10 % de lo que imaginaste? CUANDO LEES LA BIOGRAFÍA DE LOS GENIOS, TE DAS CUENTA DE QUE TODOS ELLOS LOGRARON EL 10 % DE SUS SUEÑOS. Por lo tanto, si el ser humano suele lograr solo ese porcentaje, invéntate el porvenir que quieras, porque si piensas en un futuro pobre, quizá apenas logres el 1 % o menos. Además del miedo a arriesgarse a vivir, también existe otro tipo de temor que nos acompaña como una sombra que nubla los sentidos y entorpece cada uno de nuestros actos. Una de las principales razones por la que muchas personas deciden no pensar en el futuro o no emprender nuevas aventuras es el pánico que les provoca el fracaso. Pero te pregunto algo: ¿qué entiendes por *fracaso*? ¿La falta de éxito? Es lo más lógico, ¿no es así? Perfecto: el fracaso es la falta de éxito. Pero para poder aseverar tal cosa, antes necesitas saber QUÉ ES EL ÉXITO. Así que vamos a echarle un vistazo a este concepto.

En mis conferencias, abordo constantemente qué es el éxito. Y, entre las respuestas que me dan, casi siempre están: lograr lo que quieres, disfrutar lo que haces, descubrir tu pasión, vivir la vida que deseas, sentirte pleno, entre otras. Ninguna de ellas es incorrecta, pero ahora yo te pregunto: ¿hay éxito personal y social? Es decir, ¿existen distintos niveles de éxito? ¿Podríamos determinar

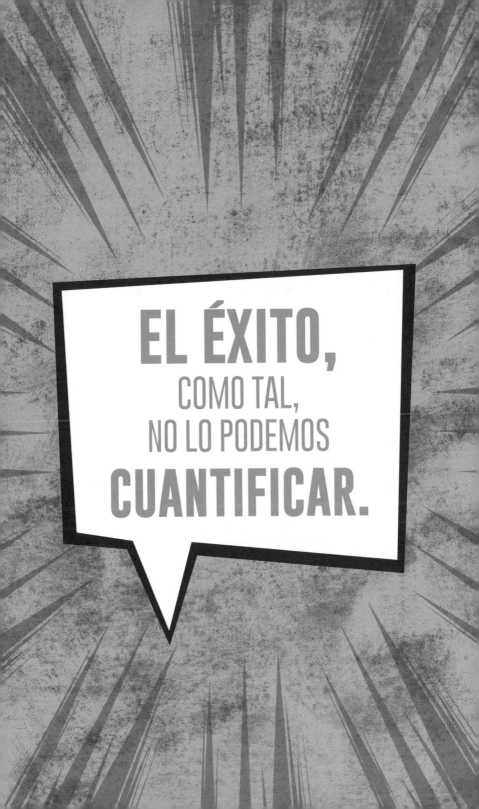

que alguien es más triunfador que otra persona por algún factor? Por ejemplo, ¿QUIÉN SERÁ MÁS EXITOSO: EL DALAI LAMA O BILL GATES? ¿HABRÁ SIDO LA MADRE TERESA DE CALCUTA O ALBERT EINSTEIN?

Antes de aventurarte a pensar una respuesta, quiero que sepas algo esencial: el éxito, como tal, no lo podemos cuantificar. Observa qué importante es esto. No hay forma de valorar si una persona es más triunfadora que otra, porque algunos dirán que se relaciona con el dinero, pero habrá quien refute y diga que es más exitoso quien ayuda a la humanidad y cuida la parte espiritual, independientemente del dinero. ¿Te das cuenta de lo subjetivo que es el significado del éxito? Varía de acuerdo a cada persona.

Como en la ley taoísta de los opuestos, en la que cada aspecto tiene su complemento —la luz tiene la oscuridad, el día tiene la noche—, y ninguno domina todo el tiempo para que haya balance, el éxito tiene su contraparte, que es el fracaso. Así que, si buscas el éxito y este existe en tu mente, tienes que aceptar que también allí se encuentra su contrario.

Por ello, ¿para qué temerle a lo inevitable? Mejor reprograma estos conceptos en tu mente para poder arrojarte a nuevas aventuras y obsérvalos desde otra perspectiva. ¿Cómo? Con la creencia de que tampoco el éxito existe, ni hay personas menos o más triunfadoras. Recuerda que hay muchas maneras de engañar a tu cerebro, ¿por qué no lo manipulas tú mismo con nuevas creencias? Reedúcalo para que puedas hacer posible lo imposible.

Analiza con detalle lo que te estoy proponiendo. Al quitarte el éxito, ¿qué otra cosa estoy eliminando? El fracaso. ENTONCES, SI SUPRIMES EL FRACASO, LE DARÁS IMPORTANCIA A LOS RESULTADOS. ¿Quién determina si una acción es exitosa o no? ¡Tú! Por lo tanto, deshazte del concepto que, social y culturalmente, tienes del éxito y en automático eliminarás la idea de fracaso, lo cual te permitirá perseguir tus sueños y tu felicidad con mayor libertad.

Cuando he propuesto esto en mis conferencias, ha habido quienes me rebaten diciéndome: "Omar, pero ¿cómo crees que al deshacerme de esos conceptos ya me sentiré con la libertad de ir tras mis sueños?". Sí, querido lector, la forma en la que piensas e INTERPRETAS LA REALIDAD —los conceptos con los que la piensas en tu mente— determinan tu presente. ¿Por qué te digo esto? Porque al suprimir de tu mente conceptos como el éxito o el fracaso, le das la bienvenida a lo que en verdad importa: el resultado de una suma de acciones. Quizá me refutes: "Oye, Omar, pero yo emprendí un proyecto, luego cambié de estrategias, tuve distintas acciones para que pudiera salir adelante, pero nada resultó como esperaba. ¡¿Cómo no va a ser fracaso algo así?!". No lo es, lo que ocurrió ahí fue una suma de acciones que dieron un resultado.

Si ya viste que ciertas estrategias —las decisiones que tomaste, el momento en el que emprendiste el proyecto, etc.— no te funcionaron, ¡pues cambia la ruta de emprendimiento! Analiza bien dónde estuvieron las equivocaciones —qué no funcionó y qué sí—, para que puedas tomar una decisión con fundamentos. Pero si tildas esa experiencia como fracaso, lo que va a pasar es que no querrás saber nada de ella, enterrarás el pasado y, seguramente, todo el tiempo te recriminarás lo que hiciste. ¿Qué sentido tiene eso? ¡Ninguno! Incluso por tener esta actitud pierdes de vista oportunidades nuevas de emprender de manera distinta ese proyecto que tanto amabas. Pero cuántos de nosotros nos hemos dicho ante el fracaso: "No sirvo para nada, mejor me dedico a otra cosa". ¿TE DAS CUENTA DE TODA LA ENERGÍA Y EL TIEMPO QUE DESPERDICIAS CON ESTA ACTITUD?

Tanto el éxito como el fracaso son conceptos que nosotros hemos ideado. Por ello, si se trata de reinventar nuestras creencias, ¿por qué no optar por la que nos dice que ninguno de los dos existe? ¿Por qué no interpretas distinto los resultados de tus acciones? Busca ser lo más objetivo que puedas contigo, no seas tan severo ni tan complaciente. Aprende de esas experiencias y conviértelas en resultados a tu favor para el futuro que imaginas. Apóyate en el conocimiento que has ido adquiriendo en este libro y ponlo en práctica. En una ocasión, vino a mi consultorio a hacer terapia una

> LO QUE EN VERDAD IMPORTA: EL RESULTADO DE UNA SUMA DE ACCIONES.

pareja recién casada. Apenas habían regresado de su luna de miel cuando ambos me dijeron: "¡No nos aguantamos!". Les dije que era normal, estaban juntando dos mundos internos completamente diferentes, pero necesitaban tener paciencia y darse la oportunidad de conocerse más. No debían claudicar ante las primeras dificultades, todo iba a estar mejor en sus vidas, pero para eso era necesario que cambiaran de actitud. ¿VES CÓMO EN CUALQUIER ÁMBITO TENDEMOS A DEJAR DE LUCHAR FRENTE A LAS ADVERSIDADES? Por ello, cambia tu ideología hacia la absoluta posibilidad y verás cómo todo se transforma a tu alrededor.

Al no evaluar la vida en función del éxito o del fracaso, lo que aprende la mente es a distinguir cada uno de tus actos en función del resultado. Si el cerebro está programado con la creencia de que ninguno de los dos existe, va a permitirte cambiar para conseguir tus metas, aprendiendo de cada acción que llevaste a cabo. Esto hice durante años presentándome ante el público, he dado conferencias en toda Latinoamérica, pero ¿qué hice para crear un método ideológico que

se adecuara en todos estos países? Adopté en mi vida la importancia de la prueba y el error. Cada vez que daba una conferencia sobre el tema con distintos públicos, tenía que evaluar qué tanto estaba funcionando. Me equivoqué infinidad de veces, por lo que, en mi próxima presentación, ya no repetía ese error y probaba otras formas de comunicarle a la gente el método de los genios. Así pasaron varios años hasta que fui encontrando las maneras adecuadas de compartir, en distintos países, un mismo concepto.

Por ese motivo decidí escribir *Haz posible lo imposible*, porque de nada servía que solo algunos de los asistentes y yo supiéramos cómo desarrollar LA GENIALIDAD QUE LLEVAMOS DENTRO. Tenía que compartir el método. Me llevó cerca de diez años de pruebas y errores constantes, pero al final logré los objetivos que me había propuesto. Y, ¿te confieso algo?, me hace profundamente feliz haber tenido la paciencia y la perseverancia para que ahora tú puedas implementar estos cambios en tu vida. Todo lo hago de la misma manera. ¿Recuerdas el dron de mis sueños del que te hablé en el primer capítulo? Lo que no te especifiqué ahí fue que no solo rompí uno, ¡sino varios! Primero fue el que me duró unas cuantas horas. Vi cuando cayó y terminó destruido en el piso. No servía para nada, pero de cualquier modo le quité la cámara y la puse en las llaves de mi auto para que me recordara que tenía que leer el manual, y que por mi necedad había desperdiciado tiempo y dinero. Pero la experiencia no se quedó ahí.

Cuando llegué a casa y les dije a mis hijos que ya había roto el dron, ellos me respondieron: "Ay, papá, nos duró más tiempo a nosotros que a ti. ¿Ahora qué vas a hacer?".

> CUÁNTOS DE NOSOTROS NOS HEMOS DICHO ANTE EL FRACASO: "NO SIRVO PARA NADA, MEJOR ME DEDICO A OTRA COSA".

Les contesté que no pasaba nada, que de hecho ya había pedido otro. "Pero ¡¿por qué?!", me dijeron riéndose. Y yo les respondí que porque quería aprender a manejar un dron y que estas eran las consecuencias de no haber leído el manual.

Compré el segundo. ¿Y qué pasó? ¡También lo estrellé! Ya había leído las instrucciones, pero no tenía la habilidad para manejarlo, así que adquirí uno más. Mi esposa me dijo: "Cariño, ¿no podrías encontrar un pasatiempo menos costoso?". Le dije que quería aprender a usarlo, así que cuando finalmente llegó el tercero, ya no se me cayó. Prueba y error, querido lector, no hubo otra forma de conseguir lo que me había propuesto. Aprendí a volar el dron y ahora es uno de los pasatiempos favoritos que comparto con mis hijos.

CUANDO NO HAY FRACASO NI ÉXITO COMO EXPECTATIVA, EMPRENDER ALGO NO ES DIFÍCIL, PORQUE EN LO QUE TE ENFOCAS AL FINAL ES EN EL APRENDIZAJE, EN EL RESULTADO Y EN LAS ACCIONES. ¿Qué crees acerca de esta teoría? ¿Crees que así te será más sencillo emprender? Te garantizo que sí, porque si adoptas la creencia de que lo que importan son los resultados y las acciones, dejarás de temerle a la vida. Si te equivocas, ¿qué pasa? Tienes el costo de aprendizaje que, como vimos en el capítulo anterior, lo puedes reducir aprendiendo de los errores que has cometido.

¿Te acuerdas de la importancia de la interpretación? Pues aquí está. Si cambias el significado de lo que entiendes por éxito, te será mucho más sencillo INVENTARTE EL FUTURO QUE DESEES.

TRABAJAR POR PLACER

La primera vez que me ofrecieron ir de gira a otro país tenía 19 años. Recuerdo que sentía miedo porque iba solo, no conocía bien esa otra cultura y tenía muchas dudas, pero de cualquier modo me preparé para dar la capacitación que me habían solicitado, tomé el avión y me fui durante tres meses. A pesar de que fue un momento de vacilación y temor, desde entonces tuve la creencia de que era posible lo imposible, y gracias a eso me sentí motivado a superar ese nuevo reto.

Tuve la fortuna de adoptar esta creencia desde joven, pero ¿qué ocurre cuando nos educan con ideas que nos dicen todo lo contrario? No solo nuestros padres, sino la sociedad y EL SISTEMA EDUCATIVO, CON EL QUE LA MAYORÍA DE LOS LATINOAMERICANOS CRECEMOS, NOS REPRIME EL IMPULSO DE AVENTURA, porque: "No, no, no, esto se hace así, como yo digo". Este tipo de educación cae en el grandísimo error de asociar el trabajo con el castigo.

¿A cuántos de nosotros nos dejaron tarea extra porque no habíamos cumplido con las exigencias de los maestros o de la casa? ¿Cuántos vivieron con la idea de que el esfuerzo extraordinario era provocado por una sanción? Seamos sinceros, ¿crees que es la mejor manera de educar? ¿Sabes lo que hace este tipo de asociación en la mente de un ser humano? Te invito a recordar la forma en la que te sentías cada vez que los maestros o tu familia te imponían ese tipo de castigo: "¡Ahora tienes que repetir cinco renglones por no haber escrito bien la palabra!", "Te toca hacer las tareas de la casa por haber desobedecido". ¿Te acuerdas cómo te sentías cuando eras niño/a? Y más importante, ¿cómo te sientes hoy de adulto cuando te enfrentas con lo mismo? Este tipo de educación DESMOTIVA y nos hace rechazar el trabajo en general, no solo las horas extras. Lo vemos como un castigo y, peor aún, asociamos la pereza con un premio. ¿No lo crees así? Entonces reflexiona, ¿cómo reaccionas cuando alguien en tu empresa te pide que lo ayudes o tal vez que te esfuerces un poco más? Inmediatamente aparece la relación de trabajo-castigo que tienes tatuada en tu inconsciente y buscas una gratificación. Y si tú eres el jefe, ¿no ves esta misma actitud en tus empleados? sin embargo, NO HA HABIDO EMPRESARIO, ATLETA, CIENTÍFICO, ARTISTA, ESCRITOR, CINEASTA NI GENIO ALGUNO QUE HAYA SIDO UN GRAN TRIUNFADOR Y REALIZADOR DE SUS SUEÑOS SIN HABER TRABAJADO MILES DE HORAS EXTRAS EN SU VIDA. Ninguna persona que haya conseguido sus metas y su proyecto de vida asocia el trabajo con una sanción. Al contrario, la relación que hacen es de tarea extra igual a premio, igual a pasión, igual a satisfacción y plenitud. En la cultura latinoamericana está muy arraigado este concepto de que deben darte una recompensa para que estés dispuesto a trabajar más. Pero imagínate qué hubiera sido de Vincent van Gogh si en su interior se hubiera gestado ese tipo de pensamiento. Porque este gran pintor —famoso por sus obras *La noche estrellada* o *Los girasoles*, por nombrar algunas— ni siquiera ganó dinero por sus pinturas mientras estuvo vivo. Su hermano era quien lo apoyaba económicamente, y, de los 900 cuadros que creó mientras vivía, ninguno le sirvió para subsistir. Sin embargo, eso tampoco le impidió dedicarle horas y horas de trabajo continuo a SU PASIÓN.

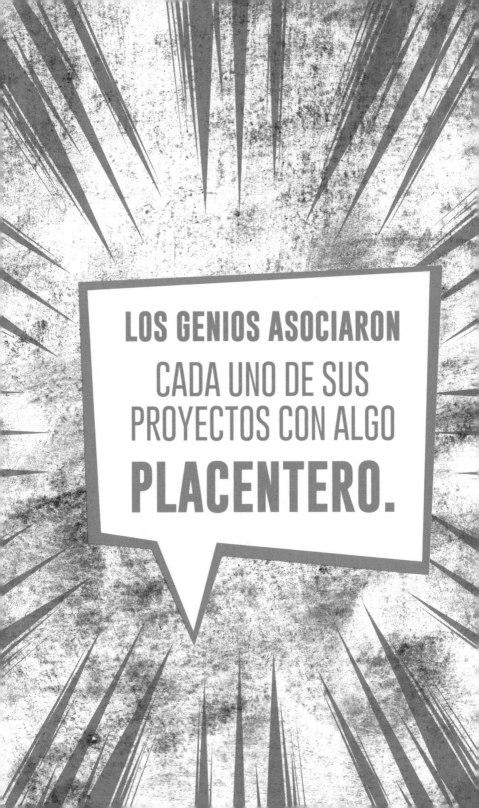

Permíteme compartirte una linda experiencia que refleja lo valioso de trabajar por placer. A mis 30 años grabé mi vida a través de mis giras por Latinoamérica. Como no sabía editar en ese entonces, aprendí lo necesario y fui mejorando la técnica con el tiempo para poder presentarle el proyecto a un canal de televisión. Pero antes de llegar con una propuesta, estuve tres años, grabando en nueve países y sin ganar nada de dinero de eso. Tuve que invertir en el material de video y edición, pero todo lo pagaba de mi bolsillo gracias a otros proyectos que tenía que realizar a la par. Una vez que tuve algo para mostrarles, me acerqué a los grandes ejecutivos y les dije que les llevaba un programa de televisión. Conseguí venderles el proyecto, lo cual me permitió comprarme un departamento donde yo quería. ¿Por qué? Porque no deseé dinero rápido, primero quise trabajar con toda pasión y entrega para después RECIBIR EL BENEFICIO. No tomé la ruta fácil para cada uno de los pasos. ¿Cómo conseguí esto? Pensando que es posible lo imposible, porque todos los genios asociaron cada uno de sus proyectos con algo placentero.

Justamente porque tienes en tus creencias que el trabajo extra es un castigo, debes crear tu propio plan de PREMIOS Y RECOMPENSAS. Vincula con el placer la labor que llevas a cabo todos los días. El ser humano acepta condiciones, y el beneficio de esto es que tú puedes poner los requisitos y entrenarte distinto para conseguir tus objetivos. Por ejemplo, si te esforzaste mucho en algún proyecto personal de vida, date un gusto o un lujo, y te aclaro que estos no tienen que ver con gastar demasiado dinero para recompensarte. Los gustos son permisos psicológicos y no tienen que ser relacionados necesariamente con algo económico.

> EL CASTIGO NO ESTÁ EN EL TRABAJO, SINO EN TENER UNA VIDA LLENA DE AFLICCIONES Y SUEÑOS INCOMPLETOS.

Date el permiso de vivir una experiencia en particular, y esto generará un sistema de recompensas que conseguirá que tu cerebro crea en ti. Sin embargo, recuerda que no debes reconocer como un logro las acciones inconclusas. Si en verdad quieres explotar la genialidad que llevas dentro,

¡NO ALIMENTES CON MALOS HÁBITOS A TU MENTE! No es sencillo reeducarla para que perciba el trabajo como algo placentero, pero tampoco es imposible. Eres capaz de ir modificando cada creencia que te ha perjudicado e impedido tener la vida que anhelas. Y es muy factible que lo realices teniendo siempre en mente la ideología de la absoluta posibilidad. El castigo no está en el trabajo, sino en tener una vida llena de aflicciones y sueños incompletos.

LA GENIALIDAD ES IGUAL A LA REPETICIÓN

Esta es una de las afirmaciones que tiene mayor impacto en los resultados. Consiste en practicar constantemente las habilidades o los talentos necesarios para alcanzar nuestros objetivos. De igual modo en que te recomiendo poner en práctica el contenido de estas páginas, te aconsejo que cualquier cosa que quieras lograr en la vida la realices de manera continua. ¿Y qué pasa si no tienes talento para algo? LO DESARROLLAS REPITIENDO TODOS LOS DÍAS LAS HABILIDADES QUE REQUIERES PARA LOGRARLO.

Por ejemplo, deseas crear un negocio de cosméticos que te permita estar en casa con tu familia y poder atender las exigencias diarias. Perfecto. Para ello sabes que las empresas o tiendas en línea son una opción y, además, tienes los conocimientos sobre maquillaje, pero no posees las habilidades que se requieren para el mundo digital. ¿Qué necesitas hacer? Desarrollar ese talento: instruirte en todo lo relacionado con las páginas web, con mercadotecnia digital, redes sociales, etc. Existe en internet infinidad de información que te permite aprender nuevos temas. Están los tutoriales, cursos en línea, artículos, y un largo etcétera que te deja sin pretextos para comenzar lo que quieras.

O quizá quieras aprender un nuevo idioma, porque es un hecho que dominar otras lenguas te abre puertas en muchos ámbitos, pero tienes la falsa creencia de que los idiomas no son lo tuyo. ¡No! Eso es una gran mentira. Lo que necesitas es desarrollar ese talento dedicándole horas y horas de estudio para que puedas dominarlo. ¿Quieres aprender inglés? ¡Existen muchísimas maneras de hacerlo! Además de asistir a algún curso, puedes reforzar lo aprendido viendo películas con subtítulos en ese idioma y con un diccionario al lado por si no conoces alguna palabra. También, existen juegos para mejorar tu memoria y facilitarte el aprendizaje. Encuentra las formas de HACER AGRADABLE EL PROCESO, relaciónalo con algo placentero y detén de inmediato esos pensamientos negativos que te atacarán cada vez que quieras emprender algo nuevo. ¡Sí, puedes cambiar!

Lo que quiero hacerte ver es que no hay objetivo que no puedas alcanzar si estás dispuesto a practicar y repetir esa práctica constantemente.

Todos tenemos distintas habilidades psicológicas que nos permiten aprender nuevas cosas para poder llevar a cabo lo que queramos. Solo recuerda que la diferencia entre lo que eres y quieres ser está en lo que haces.

¿Cómo me hago bueno en algo? ¡Mediante la práctica! Deja de poner pretextos y no veas como una carga o un castigo esas horas extras que deberás dedicarle a tu aprendizaje. Te aseguro que la sensación de triunfo, una vez que celebres tus pequeñas victorias y te des cuenta de todo lo que has avanzado, será tan maravillosa que te volverás fiel a alcanzar tus metas. No olvides que eres capaz de hacer posible lo imposible, que está en ti modificar tu forma de pensar y reprogramarte con nuevas creencias que te permitan tener la vida que mereces. Todo es posible cuando te comprometes y, sobre todo, cuando la promesa que te haces a ti mismo incluye practicar constantemente.

Pero debo advertirte algo. Si no estás dispuesto a llevar a cabo este paso, debes detener la lectura por un momento y reflexionar sobre la importancia que tiene para ti cambiar tu vida. Como te he dicho en todo el libro: nada es gratuito, ni hacer posibles tus sueños se dará si solo haces las cosas con la mitad de energía, con la mitad de compromiso y si crees solo un poco en ti. La genialidad que llevas dentro requiere tu completa entrega. ¡ES TU VIDA! ¿POR QUÉ NO HABRÍAS DE DARTE EL REGALO DE SER FELIZ? NO TE CONFORMES.

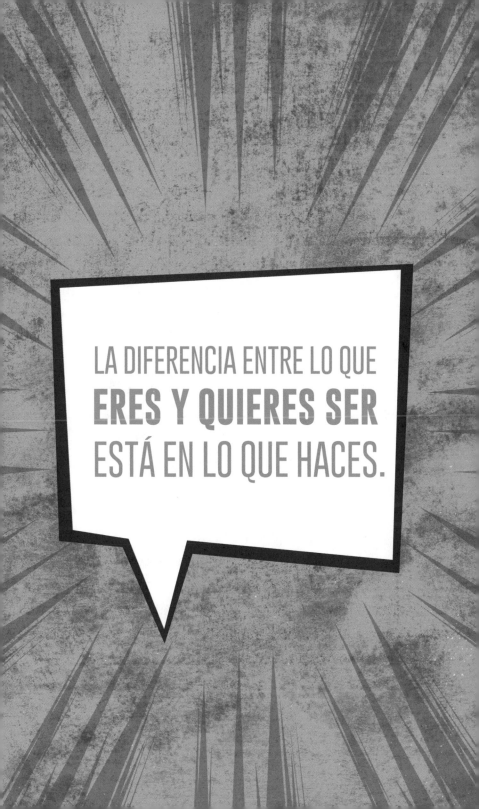

¿Piensas que no puedes aprender nuevas cosas, como tocar un instrumento, bailar, dibujar, poner un negocio o practicar un nuevo deporte? ¿Cómo crees que alguien como Mick Jagger, el famoso vocalista de los Rolling Stones, a sus más de 70 años, sigue corriendo por todo el escenario, proyectando una energía impresionante, y manejando diferentes negocios en la industria de la música y de la cinematografía, además de ser empresario?

El líder de esta banda entrena diariamente kick-boxing, yoga, pilates... ¡y hasta ballet para mantenerse en forma! ¿Te imaginabas que una estrella del rock le dedicaría tanto tiempo a su cuidado y DESARROLLO PERSONAL? Solemos tener prejuicios sobre ciertos ámbitos, como el de la música, que está rodeado de excesos, pero para poder llegar a donde está ahora, Jagger tuvo que cambiar sus hábitos y su ética de trabajo. No solo le dedicó tiempo a mejorar sus condiciones físicas y a tener una dieta balanceada, sino que también posee conocimientos de economía para poder manejar sus finanzas con completa conciencia.

¿Por qué se destaca el golfista Tiger Woods? Se levanta a las 6:30 de la mañana, hace ejercicios cardiovasculares, una hora después entrena con pesas, desayuna, luego va al campo a practicar durante todo el día diferentes técnicas de golf, para regresar a su casa a hacer otros treinta minutos de pesas y cerrar el día descansando. La rutina que se ha creado y la dedicación al trabajo han sido la clave en los resultados de Woods. No importa si tiene periodos fuera de la competencia o, en el caso de Jagger, fuera del escenario. La práctica es constante porque es un estilo de vida que han integrado a la creencia de que todo es posible.

Comenzar el cambio quizá te sea sencillo, pero EL RETO ES PERSEVERAR Y NO HAY OTRA FORMA DE LOGRARLO SI NO ES MEDIANTE LA PRÁCTICA. Aprovecha tu tiempo libre, úsalo para mejorar y para conseguir los resultados que quieres. Date ese espacio, proyéctalo como una inversión. Dile a tu interior todos los días: "Prometo ser mejor, a pesar de cualquier adversidad". El nivel de dedicación que le pones a tu plan de vida se verá reflejado en el presente que tienes y el futuro que imaginas.

Bien dicen los expertos que la práctica hace al maestro y, para honrar esta premisa, comencemos a hacer posible tu proyecto de vida. En el siguiente capítulo te iré guiando para que dejes de posponer tus objetivos. NO TE RINDAS, estás a punto de descubrir la enorme satisfacción que te producirá reinventarte.

CAPÍTULO 4

NO SABES CUÁNTO ME ALEGRA OBSERVAR LO DISPUESTO QUE ESTÁS PARA TERMINAR ESTE VIAJE, SUMÁNDOTE A AQUELLOS QUE EXPLOTAN SU GENIALIDAD. EVIDENCIA EL ENORME COMPROMISO QUE TIENES PARA CAMBIAR. TODO SER VIVO SE TRANSFORMA Y SE ADAPTA CONSTANTEMENTE Y TÚ ERES PRUEBA DE ELLO. ESTÁS YENDO POR EL CAMINO DE LA ABSOLUTA POSIBILIDAD Y ESTÁS A PUNTO DE EMPRENDER TU PROPIO PROYECTO DE VIDA.

REAFIRMAR PARA APRENDER

Una estrategia básica de aprendizaje se basa en la repetición. Así aprendimos a caminar o a hablar, entre muchas otras cosas. Entonces, necesitamos reforzar continuamente lo que vamos aprendiendo, así sea el acto más sencillo. Por ello, quiero dejarte el siguiente diagrama que sintetiza lo que hemos visto en los tres capítulos anteriores. ¿Por qué? Porque, cuando estamos emprendiendo una NUEVA FORMA DE SER Y DE PENSAR, requerimos recordatorios visuales que nos ayuden a no perder el camino hacia nuestra transformación. Hacia nuestro verdedero cambio.

LA MENTE
ERES LO QUE PIENSAS
ERES LO QUE DESEAS
ERES LO QUE CREES

TÚ ELIGES QUIÉN QUIERES SER
TÚ MANDAS

ROMPE CON LOS MITOS
DE LA GENIALIDAD

RESIGNIFICA Y APROVECHA
EXPERIENCIAS PREVIAS

CONSTRUYE NUEVAS CREENCIAS

CAMBIA TU IDEOLOGÍA Y AFÍRMALA.
¡SÍ, ES POSIBLE LO IMPOSIBLE!
¡ERES CAPAZ!

¿QUÉ NECESITAS PARA CONSEGUIR TUS OBJETIVOS?

METAS PEQUEÑAS
PARA COMENZAR

SABER QUE LO QUE
IMPORTA SON LOS
RESULTADOS

DESARROLLAR
NUEVOS TALENTOS

PRÁCTICA
CONSTANTE

HAZ POSIBLE TU PROYECTO DE VIDA.
¿CÓMO TE VES EN EL FUTURO?
¡COMIENZA A CONSTRUIRLO!

Para poder empezar a diseñar tu vida y construir una mejor versión de ti mismo, es indispensable que pongas en práctica cada uno de los puntos anteriores. La buena noticia es que no hay atajos. Me dirás: "¡¿Buena noticia, Omar?! Pero si me encantaría poder tener ahora mismo la vida que siempre he anhelado". Lo entiendo, es normal que de vez en cuando sigas sintiendo resistencia al cambio, pero es en esos momentos en los que debes aferrarte más a las premisas de los genios y a la creencia de que es posible lo imposible. Ten paciencia, persevera y no claudiques ante ninguna adversidad. Cuando sientas que es demasiado difícil, recuerda que TODO EL ESFUERZO que llevas a cabo vale la pena.

Confía en mí, el proceso es aún más satisfactorio que el resultado final. Pero si sientes que te ofuscas, no olvides que debes iniciar poco a poco. Comienza con pequeños entrenamientos que le vayan ordenando a tu mente que tú eres el que tiene el control. Para ayudarte a poner en práctica lo que te digo, me gustaría que hiciéramos algunos ejercicios.

ACTUAR PARA NO OLVIDAR

Antes de empezar, quítate de encima cualquier experiencia negativa que hayas tenido. Imagínate que ese evento negativo del día o de los últimos meses es una nube gris que amenaza con una tormenta. Obsérvala frente a ti. ¿Listo? ¿Ya pudiste visualizarla? De acuerdo, ahora, ¡apártala de tu vista con la mano! Muévela como si fuera una mosca que te está molestando. Solo quítala de enfrente.

Este acto, tan simple, tiene un gran efecto a largo plazo. Y esto pasa porque, al materializar la experiencia en algo concreto mediante un acto consciente, esos pensamientos se desvanecen y te dejan de estorbar para que puedas pensar con más claridad. Al principio, lo más probable es que tengas que hacerlo varias veces al día, pero que no te importe lo que los demás piensen en tu oficina, en tu casa o en la calle cuando te vean dando

> TEN PACIENCIA, PERSEVERA Y NO CLAUDIQUES ANTE NINGUNA ADVERSIDAD.

manotazos al aire. No tiene valor lo que los otros piensen. Lo importante es que consigas tener la mente clara y en calma. Así podrás concentrarte en lo que verdaderamente importa.

Una vez que hayas eliminado la nube gris que venías cargando, necesitas hacer tres cosas muy sencillas, con el objetivo de que comiences a organizar TUS PENSAMIENTOS y a rescatar lo bonito del día.

1. ER PASO: LAS LIBRETAS

Compra tres libretas del tamaño, color y estilo que más te gusten, solo considera que vas a tener que llevarlas en tu bolsa de mano o en tu portafolio a todas partes. Las primeras dos las empezarás a usar desde hoy mismo, pero la tercera guárdala porque la utilizarás más adelante. También puedes emplear tu teléfono celular, pero la desventaja de esto es que tu cerebro asocia ese aparato con el mundo laboral, social, familiar y rara vez con tu mundo interno. Al igual que en el contrato que firmaste en el segundo capítulo, que hagas a mano este tipo de ejercicios te ayuda a mejorar la memoria, porque no es un acto mecánico —como sí lo es mandar un mensaje por el celular—. Por eso es necesario que te des la oportunidad de probar esta forma.

Ahora, nombra la primera libreta con el título: "Tres fortunas del día". Y, la segunda, como: "Pequeñas metas, grandes victorias".

2.º PASO: TRÍADA DE BENDICIONES

Desde hoy mismo, esta misma noche, en la primera libreta escribe tres momentos agradables que te hayan sucedido durante el día. Pueden ser cosas que tú hayas realizado o que hayas visto. Siempre hay algo que rescatar, incluso en un día difícil. Quizá anotes algo sobre el clima, o que alguien te cedió el paso mientras manejabas, tal vez una sonrisa que te hizo SENTIR FELIZ, o el beso de despedida de tu pareja o de tus hijos. ¡La vida tiene infinidad de detalles hermosos!

No te concentres en lo negativo, la finalidad de

esta libreta ES DESBLOQUEAR TU MENTE PARA QUE COMIENCE A OBSERVAR LA VIDA DESDE SU BELLEZA. Recuerda que no es que seas absolutamente positivo, como tampoco por completo pesimista, pero en una vida ajetreada como la que vivimos solemos enfocarnos más en nuestros pesares que en nuestras fortunas. Por ello, lleva a cabo este ejercicio e intégralo en tu cotidianeidad. Y que no sea una tarea que solo hagas durante un tiempo para luego abandonarla. Al contrario, es importantísimo que seas constante. Así vas a poder ir modificando las conductas que más se te dificultan cambiar. Avanza con este sencillo paso y verás que, más adelante, te será posible alcanzar grandes metas.

3. ER PASO: EMPECEMOS A PONERLE ORDEN A TU VIDA

La libreta que titulaste: "Pequeñas metas, grandes victorias", es una especie de agenda, aunque no del todo. Es decir, te ayudará a organizar cada una de las tareas del día, pero no solo las que tengan que ver con tu trabajo o con tu casa.

La dividirás en tres partes. La primera será tu *Lista de deseos*, en la que anotarás todas las cosas que quieres realizar durante este año. No te restrinjas, escribe lo que quieras. Siéntete con la libertad de poner tus sueños más locos y arriesgados, pero también aquellas cosas simples y pequeñas que enriquecen notoriamente tu día a día. Recuerda que los deseos que viertas en ella no tendrán límites. La segunda sección será: *Objetivos*. Por el momento, solo pon aquellos que quieras conseguir durante este año. Más adelante nos concentraremos en plazos mayores, pero no quiero que te ofusques o te bloquees. Es mejor hacer las cosas paso a paso. LA GRAN DIFERENCIA ENTRE LA LISTA DE DESEOS Y LA DE OBJETIVOS ES QUE ESTA ÚLTIMA ES MUCHO MÁS CONCRETA Y CONSIDERA TUS CIRCUNSTANCIAS ACTUALES. Por ejemplo, si en tus deseos anotaste: "Quiero tirarme con paracaídas desde un helicóptero", ¡bravo, está muy bien!, pero quizá antes tengas que considerar otros elementos para cumplir con ese sueño. Tal vez en tus objetivos debas incluir ver a tu médico para verificar que tu salud esté en óptimas condiciones para realizar un salto en paracaídas. En otras

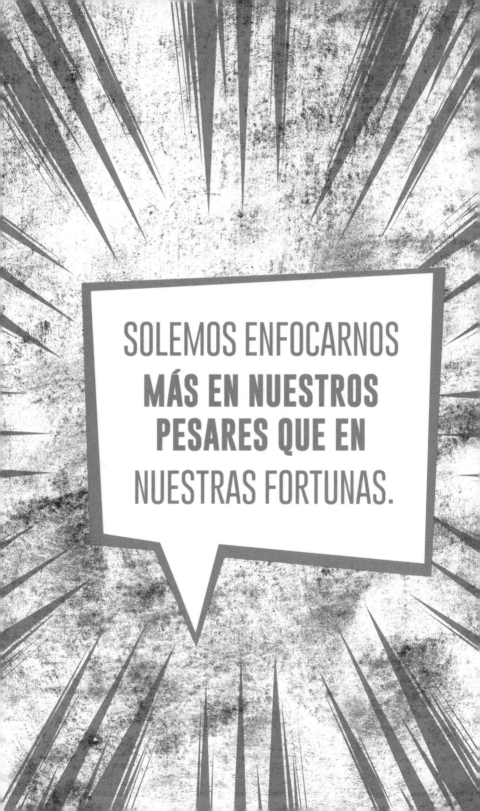

palabras, TUS ANHELOS AYUDAN A DESBLOQUEAR TU MECANISMO DEL DESEO, que es clave para que adoptes la creencia de que es posible cualquier cosa que te propongas, mientras la imagines y, siempre y cuando, no atente contra ti ni contra nadie más. Asimismo, los objetivos te ayudan a concretar esos deseos debido a que al plantearlos debes ser realista e ir poniendo las condiciones —los requisitos necesarios— para ir cumpliéndolos poco a poco. Ayuda mucho ver la lista de objetivos del año desde todos los ámbitos que rodean tu vida, porque para esos deseos que quieres conseguir también hay que considerar, además de tu salud, tus finanzas, a tu familia, etc. Por ello, te sugiero que los objetivos los dividas de acuerdo con las siguientes áreas.

1 ÁREA ESPIRITUAL: no confundir con la religión. Tiene que ver con la relación que tienes con el universo —que cada uno llamará como quiera— y la percepción de paz interior.

2 ÁREA AFECTIVA: está relacionada con las

emociones que quieres sentir hoy y en el futuro. Debes tomar en cuenta, sobre todo, aquellas emociones a las que desees darles prioridad y aquellas que moldearán tu carácter.

3 **ÁREA FAMILIAR:** ¿qué tipo de familia quieres? ¿Amorosa, divertida, luchadora? ¿Cómo participarás tú para tener el ambiente familiar que te imaginas?

4 **ÁREA FÍSICA:** consiste en todos los actos que te harán tener el cuerpo y la salud física que deseas.

5 **ÁREA PROFESIONAL:** implica la CONTINUA CAPACITACIÓN Y ACTUALIZACIÓN DE CONOCIMIENTOS para el área laboral, así como todo lo nuevo que puedes hacer y aprender para trabajar en lo que quieres.

6 **ÁREA SOCIAL:** diseña el grupo de personas con el que deseas relacionarte. Evalúa si tu grupo de amigos o de conocidos son benéficos para ti y tu vida. No estés con gente negativa que te consume energía y destruye tus sueños.

(7) ÁREA ECONÓMICA: básicamente, es la proporción entre el trabajo y el placer. Asocia el primero con el segundo, y los beneficios económicos vendrán solos. TU CONDUCTA HACIA EL DINERO INFLUYE NOTORIAMENTE EN LOS RESULTADOS: si eres aprensivo hacia él, difícilmente lo obtendrás; si lo ves como un vehículo, como una consecuencia de tu desempeño y dedicación, verás que se incrementará.

(8) ÁREA DE LA DIVERSIÓN: aprende a relajarte y a darte el tiempo para tener actividades recreativas, ya sea con tu grupo de amigos, la familia, la pareja e, incluso, a solas. Este espacio es esencial para poder tener más vigor y claridad en cada uno de tus propósitos.

La tercera sección de tu libreta estará destinada únicamente a las tareas del día y a los eventos.

Divide las hojas en los meses del año en curso. Si la comienzas en agosto, entonces tendrás que terminarla en agosto del siguiente año. No importa cuándo inicies, no necesitas empezar de cero, ¿recuerdas? Lo crucial es que lo hagas lo más pronto posible y DEJES DE POSTERGAR TU VIDA. Te dejo este ejemplo para que quede más claro.

Puedes usar la simbología que te sea más funcional. A mí me sirve indicar una tarea con un cuadro para que pueda marcarlo cuando la haya realizado –con una cruz, por ejemplo–. Esto me permite apreciar las cosas mínimas pero importantes que consigo en el transcurso del día.

Algo necesario para considerar aquí es que sabemos que hay muchos imprevistos en el día y que debemos tomarlos en cuenta sin que afecten nuestra sensación de victoria. Por ello, si no pudiste realizar alguna tarea o algún evento, ponle una flecha → que indique que lo harás al día siguiente.

Este tipo de ejercicios, además de ayudarte a ser más organizado y a cumplir con cada tarea que

LUNES 20 DE AGOSTO [AÑO EN CURSO]	TAREAS	EVENTOS
	• RECOGER LA ROPA DE LA TINTORERÍA.	+ FELICITAR POR SU CUMPLEAÑOS A MI HERMANO.
	• INVESTIGAR SOBRE EL CURSO DE MERCADOTECNIA DIGITAL. VER COSTOS.	+ VIDEOCONFERENCIA TENTATIVA ANTES DE LA COMIDA.
	• HABLAR AL GIMNASIO PARA RENOVAR SUSCRIPCIÓN.	+ COMER CON CLIENTES A LAS 14:30.
	• MANDAR MENSAJE A MI ESPOSA PARA RECORDARLE CUÁNTO LA AMO.	+ ENTREGAR A COLEGAS ITINERARIO DE VIAJE.
	• AL LLEGAR A CASA, ESCRIBIR LAS TRES FORTUNAS DEL DÍA.	+ JUNTA ESCOLAR PARA VER AVANCES DE MIS HIJOS.
	• HACER EJERCICIOS DE RESPIRACIÓN ANTES DE ACOSTARME.	+ CENA CON MIS EDITORES.

te propongas –incluyendo las cotidianas, como ir a la tintorería o al supermercado–, también te permiten sentirte más productivo y, aún más importante, te ayudan a permanecer en el presente. ¿Cómo? Al ver que tienes una serie de tareas en el día, te concentras en ellas y no en otra cosa. Así dejas de angustiarte por todo el trabajo y los pendientes que debes realizar durante la semana o el mes, sensación que te resta lucidez y muchísima energía valiosa. Una vez que te comprometes a que este método se vuelva parte de tu vida, YA NO EXPERIMENTAS ANGUSTIA CONSTANTE POR ALGO QUE NI SIQUIERA HA OCURRIDO, es decir, no vives ansioso de manera anticipada, lo cual va entrenando tu mente para ser consciente de tus actos y estar en el aquí y ahora.

Antes de continuar, me gustaría que te des un par de días, pero ¡no abandones la lectura por completo! Necesito que te tomes este breve tiempo para que pongas en práctica estos ejercicios antes de arrojarnos de lleno a construir tu proyecto de vida. La finalidad de esta petición es que primero vayas viendo los resultados para que, después, te sientas con más confianza y con los pensamientos en orden para diseñar tus planes a largo plazo. Recuerda que sin constancia no hay beneficios, así que sé consciente de la responsabilidad

NO ESTÉS CON GENTE NEGATIVA QUE TE CONSUME ENERGÍA Y DESTRUYE TUS SUEÑOS.

que implica comprometerte a hacer cambios en TU RUTINA, para que el método de los genios funcione y te dé los resultados que anhelas. Yo, mientras tanto, ¡aquí te estaré esperando!

¡BIENVENIDO DE NUEVO!

Espero de corazón que hayas podido constatar lo valioso de los ejercicios anteriores. Y que desde el momento en que empezaste a usar las libretas, conscientemente las hayas integrado en tu cotidianeidad y no las veas como una tarea engorrosa. No olvides que tú, como parte de las personas que llevan la genialidad dentro, eres capaz de cambiar tus creencias y dejar de ver el esfuerzo extra como un castigo. Eres inteligente y tienes la aptitud para conseguir lo imposible.

Ahora, así como la vida consiste en ir dando pasos para alcanzar lo que queremos, preciso que des el siguiente: desear. Pero antes es interesante que te des cuenta de algo muy bueno: llevas la mitad del camino recorrido porque comenzaste a desarrollar tus deseos con la *Lista de deseos* de tu libreta. Sin embargo, el enfoque que veremos a continuación tiene OTRA INTENCIÓN. Por supuesto que aprovecharás lo que hiciste antes y, además, quiero asegurarte que ninguno de los conceptos y las actividades que te propongo son un desperdicio, porque soy respetuoso con tu tiempo y entrega, querido lector. Así que sigamos beneficiándonos de todo lo aprendido para definir qué quieres en tu vida y cómo empezar a lograrlo.

DESEA

Ahora sí podemos comenzar a crear tu proyecto de vida en grande. Ya tienes las herramientas psicológicas básicas para aventurarte a cumplir metas mayores. ¡Vamos a llevar tus conocimientos al siguiente nivel!

TODO GRAN PROYECTO DE VIDA INICIA CON UN DESEO, CON UNA IDEA SEMBRADA EN EL INTERIOR DE LA PERSONA. Los deseos son tan poderosos que son capaces de transformar la identidad y la forma de ser de un individuo. ¿Por qué? Porque te conviertes en lo que deseas. Lo que quiere decir que el deseo es una de las herramientas psicológicas más poderosas que tenemos los seres humanos. Además, el deseo en sí es mucho más sublime que cualquier cosa material. Por ello, ansía más allá de lo material y automáticamente vas a convertir tus sueños en una búsqueda completa. Los que solo desean cosas pequeñas, perecederas y superficiales tienen el riesgo de quedarse en la mediocridad.

"Entonces, ¿no es válido desear tener mi propia casa, mi auto favorito o esos pantalones que he querido regalarme después de una temporada ardua de trabajo?". Claro que sí, es completamente válido, pero lo que quiero transmitirte es que lleves tus deseos a un nivel mucho mayor: ansía FELICIDAD, BIENESTAR, PAZ, CALMA, mejor calidad de vida, porque será lo que te llevarás contigo cuando partas de este mundo. De ahí viene la importancia de reflexionar qué es lo que le pedimos a la vida. Porque podemos arriesgarnos a luchar por cosas superfluas que solo nos mantendrán satisfechos por un breve tiempo, pero no impactarán verdaderamente en nosotros. Por ello es importantísimo que tengas cuidado con lo que anhelas.

Ahora debo advertirte algo: lograr lo que quieres

es un proceso que, además de producir un enorme gozo, también implica dolor, pero esto no es malo. Esforzarse cada día para cumplir con nuestras metas, evitar claudicar ante adversidades y cumplir con las exigencias de la vida no es algo simple, pero tampoco imposible ni dañino. Es parte de la ley de los opuestos y es mejor que lo consideres desde hoy para que conviertas cualquier dolor o dificultad en fortaleza. Las adversidades te hacen más fuerte y, si estás dispuesto a pagar el precio del esfuerzo constante, definitivamente estás dispuesto a satisfacer lo que deseas.

¡PRACTICA!

Reflexiona: ¿QUÉ ANHELAS EN TU VIDA? Toma la lista de deseos que hiciste en la segunda libreta, pero en esta ocasión quiero que la depures imaginándote lo siguiente: si hoy supieras que tienes solo un mes de vida, de la lista de deseos que hiciste, ¿cuáles realizarías antes de morir? Sé que imaginarse una situación así no es nada satisfactorio. Pero no te veas en una circunstancia de enfermedad o incapacidad, sino solo parte de la idea de que, por alguna razón, ese es el lapso que tienes para poder hacer lo que anhelas en tu vida. NO RACIONA-LICES DEMASIADO LO QUE TE PROPONGO. ES SOLO UNA SITUACIÓN HIPOTÉTICA QUE ENGAÑA A TU CEREBRO PARA QUE LO FUERCES A PENSAR DISTINTO.

Esta primera fase de activación te permite identificar cuáles son los deseos más importantes para ti, lo cual te ayuda a darles prioridad. Pero no te quedes solo en la lista que hiciste para este año, agrega cualquier otro gran deseo que quieras en tu vida a largo plazo y anótalo en la tercera libreta que te pedí que guardaras. Esta la titularás: "Mi proyecto de vida es posible". Divídela en dos partes: la primera, para tus deseos a largo plazo –que son los que quiero que escribas imaginando, y solo imaginando, que te queda un mes de vida–, y la segunda, –que después usaremos–, para tus objetivos a largo plazo.

Ya que imaginaste cuáles son los que tienen prioridad, necesito que salgas de tu zona de confort. No te propondré, por ningún motivo, que te pongas en riesgo, pero lo que sí te pediré de aquí en adelante es que te des la oportunidad de ser más arriesgado; que pruebes nuevas formas de poner en práctica lo que vayamos viendo. Ten en mente que no importa lo que los demás piensen o digan de ti. Porque, ¿qué sucede si te tildan de loco? ¿Te acuerdas? ¡Bendita la locura!

Por lo tanto, ahora anota en varios papeles, preferentemente de colores para que llamen la atención, cada uno de tus deseos y pégalos en tu espacio de trabajo y en tu casa. Ponlos en varios sitios para que todos puedan verlos. Esa es la intención: que no se queden nada más en tu interior. NECESITAS DEMOSTRAR LO QUE DESEAS, LO QUE SIENTES Y LO QUE PIENSAS, SIN SEGUIR TEMIENDO LOS PREJUICIOS DE LOS DEMÁS. Es muy importante que ellos los vean, no realmente para saber qué es lo que opinan, sino porque así te comienzas a abrir al mundo y a soltar los miedos que te impiden ser la persona que quieres ser.

Seguramente habrá muchos que quieran saber lo que estás haciendo. Si tienes la confianza, puedes compartírselo, si no, invéntate cualquier pretexto.

Haz de esta actividad un juego divertido, como en la infancia. Libera al niño que llevas dentro, porque hacerlo también es una manera de fomentar nuestra creatividad y genialidad. No te tomes siempre demasiado en serio las cosas. Date la oportunidad de soltarte, de relajarte y de disfrutar la vida como lo hacen los niños. Te aseguro que, al igual que ellos, te sorprenderás de buena manera ante los cambios que verás en ti y te divertirán las reacciones de los demás, porque lo único que aquí importa eres tú y tus sueños.

PERMÍTETE SER VULNERABLE: UNA CUALIDAD EXTRAORDINARIA QUE NO REPRESENTA DEBILIDAD EN LO ABSOLUTO. ¿Por qué es importante serlo? Porque mejora la relación que tenemos con nosotros mismos y con los demás, ya que nos permitimos ser como somos y equivocarnos sin que esto se vuelva un peso que nos agota o desmotiva. Ser vulnerable te fortalece.

En el lugar público que hayas elegido para dejar los papeles con tus deseos, pídeles a los que están a tu alrededor que los respeten. Es decir, demanda que no los quiten ni que les escriban cosas encima. Es algo personal y, como tal, debes exigir respeto.

¿Cuándo podrás quitarlos? A medida que vayas cumpliendo cada uno de esos deseos. No importa si duran ahí un año o más tiempo. Siempre tendrás la opción de reescribirlos en nuevos papeles de colores y volver a pegarlos, si es que cambias de trabajo, te mudas de casa o se ensucian. Sé honesto y fiel con cada uno de estos ejercicios, porque eso refleja el nivel de compromiso con el que te entregas a hacer posible tu proyecto de vida.

CREE

Creer puede entenderse como la capacidad de tener fe –en uno mismo, en los otros, en nuestros sueños, en la humanidad, etc.–. Pero no es una aptitud que todos tengamos, por lo que muchas veces NECESITAMOS DESARROLLAR NUESTRA AUTOCONFIANZA Y, SOBRE TODO, NUESTRA AUTOESTIMA PARA PODER CREER. Entonces nos damos cuenta de que, ¡oh, sorpresa!, ambas son clave para poder realizar cualquier cosa que nos propongamos en la vida. La autoconfianza es creer en nuestras capacidades, mientras que la autoestima es valorarnos a nosotros mismos. Para hacer posible lo imposible tienes que creer en ti y tener autoestima de *rockstar*.

¿Cómo empezar a creer en ti? Háblate, hazlo todos los días y solo di cosas positivas. Cambia el concepto que tienes de tu persona. ¡Atrévete! Si te sientes ridículo al inicio, es porque lo que te dices no lo crees, pero te garantizo que con el tiempo esto irá cambiando y se integrará en la concepción que tienes de ti mismo. Necesitas repetirte constantemente cosas como: "Soy inteligente y capaz de aprender cualquier cosa que me proponga. SOY UNA PERSONA HERMOSA POR FUERA Y POR DENTRO. PUEDO DAR MUCHO BIENESTAR A QUIENES ME RODEAN. CONFÍO EN MÍ Y EN MIS DECISIONES. Tengo las habilidades para superar cualquier adversidad y encontrar soluciones. Confío plenamente en que soy capaz de hacer posible lo imposible".

Si te hablas a ti mismo y te defines como alguien triunfador, con amor propio y con la disposición

SER VULNERABLE TE FORTALECE.

de arriesgarse, te irás convirtiendo en esa persona que quieres, ¡un ser extraordinario! Creer en cualquier cosa se aprende mediante la repetición. De esta manera el cerebro va a empezar a registrar un mensaje distinto de ti mismo, positivo, así que tienes que hacerlo de manera continua. No basta que solo lo hagas cuando te sientas entusiasmado. PRESTA MUCHA MÁS ATENCIÓN CUANDO LLEGUEN LOS MOMENTOS DIFÍCILES. ESOS INSTANTES SON LOS QUE TE PONEN A PRUEBA Y EN LOS QUE MÁS DEBES CONFIAR EN TI.

¡PRACTICA!

Será indispensable que sigas abierto a nuevas experiencias. Para ello, nos apoyaremos un poco en la escritura. La razón es muy sencilla: a través de la palabra y de cómo nombramos el mundo, la forma en la que nos comunicamos con los demás y con nosotros mismos, es la manera en la que nos transformamos. La palabra es una fuerza enorme que nos otorga el poder tanto de construir mundos nuevos como de destruirlos. Por eso, ten mucho cuidado con lo que te dices a ti mismo y a los demás. Utiliza esta herramienta en tu beneficio. Te garantizo que verás los resultados positivos antes de lo que imaginas.

Para comenzar, acércate a tres personas muy distintas entre sí.

 Alguien muy cercano a ti –puede ser algún familiar, hermanos, papás, incluso tus hijos, o algún amigo–. Pídele que te diga tres de tus cualidades y tres cosas en las que él cree que tú debas trabajar. ESCÚCHALO SIN REPLICAR ABSOLUTAMENTE NADA; NO TE PONGAS A LA DEFENSIVA. LO IMPORTANTE ES QUE ESTÉS ABIERTO A ESCUCHAR. Después, con tus propias palabras, repítele lo que te dijo, con la finalidad de que el mensaje haya quedado claro. Por ejemplo, si te comenta: "Me parece que eres una persona con mucho entusiasmo, pero inconstante ante circunstancias difíciles o que te dan miedo", tú repetirías: "Consideras que debo perseverar más y no dejarme vencer por mis temores".

2 Alguien de tu trabajo. No es sencillo, pero te ayudará a ver otros aspectos de tu comportamiento en el plano laboral. No somos la misma persona en todos nuestros ámbitos. Hazle las mismas preguntas.

3 Por último, sal a alguna reunión o evento en donde no conozcas a nadie y haz el mismo ejercicio. Evidentemente, como no saben quién eres, solo pídeles que te digan las tres cosas que ven a primera vista de ti. Escúchalos, repite con tus propias palabras sus mensajes y agradéceles su disposición. TEN EN CUENTA QUE ACERCARTE A GENTE DESCONOCIDA ES LA PARTE QUE MÁS NOS PONE A PRUEBA, PORQUE NOS SACA POR COMPLETO DE NUESTRA ZONA DE CONFORT. No obstante, también nos permite saber qué es lo que estamos proyectando al mundo cuando no nos sentimos con la misma confianza que con nuestros allegados.

Ahora, regálate un tiempo a solas para pensar en lo que te dijeron. Pero solo reflexiona en torno a ello, no lo evalúes en ningún momento. Después, ESCRIBE TU PROPIA LISTA DE VIRTUDES QUE TE HAGAN SENTIR ORGULLOSO DE TI MISMO. Puedes utilizar un marcador para vidrios y plasmarlas en el espejo que uses todos los días. Analiza lo que los demás dijeron de ti y añade las virtudes con las que te identificas. Sobre las que debes trabajar, conviértelas en frases positivas. Por ejemplo, si te dijeron: "Eres una persona malhumorada, muy impaciente", reconoce que esto puede causarte problemas en todas las áreas de tu vida y que también puede estar impidiéndote conseguir tus objetivos, porque te urgen resultados inmediatos. Por lo tanto, en este caso escribirías en el espejo: "Soy una persona capaz de aprender a calmarme, a respirar profundo y a tener más paciencia. Soy alguien feliz".

Todos los días, al levantarte, mira la lista y repítela en voz alta. Para reforzar esto, utiliza la tecnología: grábalas en tu celular y escúchalas con tus auriculares al menos dos veces al día.

Escuchar a los demás nos ayuda a ver qué estamos proyectando en los otros, pero al mismo tiempo nos permite identificar dónde estamos dejando de

ser quienes anhelamos ser. Por lo tanto, después de sopesar lo que los demás digan de ti, necesitas usar tus propias herramientas psicológicas para construir una mejor versión de ti mismo. Construye quién quieres ser con tus propias palabras y refuérzalo basándote en la repetición.

Creer en ti y tener una autoestima de *rockstar* no significa que no escuches a los demás y te cierres al mundo. Sino que es saber filtrar lo que los demás nos dicen, aprovechar sus consejos y opiniones, y tener la certeza de que podemos cambiar. ESTAR BIEN CON NOSOTROS MISMOS ES TAMBIÉN ESTARLO CON EL MUNDO ENTERO.

Préstale atención a lo que te dices y filtra aquellas cosas que los demás digan de ti. No olvides que la información que escuchas alrededor tuyo también puede afectarte, así que necesitas estar alerta sobre qué cosas eliges adoptar y cuáles otras, desechar.

Por último, recupera las dos libretas que empezaste a usar al inicio. La de las tres fortunas del día te permitirá recordar que eres capaz de ver las cosas buenas de la vida, incluyéndote. La de las pequeñas metas y grandes victorias, te mostrará que eres capaz de cumplir con tus objetivos y de ser perseverante. Puedes cambiar hábitos, y esto es importantísimo, porque te genera confianza: te ayuda a creer en ti.

VISUALIZA

¿No fantaseas e imaginas situaciones o eventos durante varios momentos del día? ¿Ya sea cuando te levantas y te imaginas el desayuno que comerás, o cuando estás llegando tarde al trabajo y "ves" la llamada de atención de tu jefe o la mirada de tus colegas? LA VISUALIZACIÓN ES ALGO QUE, EN REALIDAD, HACEMOS CONSTANTEMENTE, INCLUSO SIN DARNOS CUENTA. TODO EL TIEMPO USAMOS ESTE PODER, PERO NO LO APROVECHAMOS PARA CONSEGUIR NUESTROS SUEÑOS. Por lo tanto, si lo podemos hacer de manera inconsciente, también podemos llevarlo a cabo de forma consciente y enfocar nuestra intención en lo que queramos.

la intención es importantísima, porque es la energía que les viertes a tus pensamientos. ¿Cuál es el sentido o el propósito de lo que te imaginas? ¿Te visualizas como alguien triunfador y que conquista sus metas? La visualización es una herramienta muy útil que nos permite conseguir un mayor control de la mente, las emociones y nuestro cuerpo. Es el camino para efectuar los cambios deseados en nuestro comportamiento. Por ello, imagínate a ti mismo logrando tus sueños, con la felicidad que siempre has querido. Considera que tienes el poder de diseñar tu existencia y todo lo que la incluye. La mejor manera de generar una visualización es responder a la pregunta: ¿qué quiero para mi vida? Ver lo que deseas es una manera de interiorizarlo, porque esa proyección se vuelve parte de ti.

¡PRACTICA!

Para entrenarnos en este aspecto, antes haremos unos ejercicios que te permitirán desbloquear tus sentidos y tus emociones, porque sin ellos es mucho más complicado conseguir la visualización.

(1) Pídele a alguien de tu confianza que te acompañe para realizar esta práctica. Ve a un lugar público en donde haya muchísima gente y ruido. Sé paciente y apóyate en la persona que te acompaña.

(2) Ahora, sitúate en un lugar en donde sepas que estás seguro y cierra los ojos. Percibe los olores, los sonidos, las voces, e imagina de dónde provienen y cómo son las personas de tu alrededor. Quédate así durante 20 minutos. No reacciones ante ninguno de los estímulos. SOLO DEJA QUE ENTREN POR TODOS TUS SENTIDOS y visualiza lo que ocurre alrededor tuyo mientras te encuentras parado ahí.

(3) Abre los ojos y, de inmediato, cuéntale a la persona con la que estés el escenario que imaginaste. Descríbele cada olor, cada sonido y cada sensación. Sé minucioso en cada detalle para que consigas construir una imagen completa del escenario. Asimismo, compártele cómo te sentiste con cada estímulo: qué cosas te disgustaron, cuáles te agradaron, etc.

Ahora, en la libreta que dice "Mi proyecto de vida es posible", en la segunda parte que te pedí que guardaras, escribirás tus objetivos a largo plazo. Considera todos los ámbitos de tu vida y anota qué es lo que quieres. Quizá te ayude dividir tus objetivos por décadas: ¿EN DÓNDE QUIERES ESTAR EN DIEZ, VEINTE, TREINTA AÑOS? ¿Cómo quieres experimentar los próximos cincuenta años? ¿Cómo quieres vivir cuando seas anciano? Imagínate a ti mismo en cada uno de tus ámbitos y visualízate consiguiendo cada uno de esos objetivos.

Después, consigue fotos o imágenes de las cosas que representan tus objetivos y haz un collage que puedas poner en un lugar visible. Puede ser de la casa que deseas, del físico que quieres tener, o bien, de los lugares a donde quieres viajar, de las personas con las que quieres compartir tu tiempo o de los proyectos que quieras construir.

Gracias a que ya estimulaste tu imaginación y a que creaste un referente visual de tus objetivos, estás listo para describirle a alguien tu vida. Hazlo como si fuera una película o como si estuvieras contando la historia de una novela. Nárrala con pasión. El reto es que le transmitas distintas emociones y sentimientos al otro para que se interese en lo que le cuentas. No importa lo que te diga, pero sí importa, y mucho, que logres captar su atención contándole todo como si ya hubiera ocurrido. ¿Para qué? Al platicarle tu vida a alguien como si ya hubiera ocurrido, comienzas a concretarla, a materializarla. Expresarlo funciona muchísimo, porque lo vuelves real en tu mente, en tu ideología y en tu vida. SI VERDADERAMENTE CREES EN AQUELLO QUE VISUALIZAS, ESTÁ GARANTIZADO QUE TENDRÁS LA VIDA DE TUS SUEÑOS.

CONOCE

Hay muchas maneras de ganarse la vida: con las manos, mediante actividades físicas, con la mente, entre otras. Pero para todas esas maneras, hay que prepararse. Existen miles de libros a nuestro alcance para alimentar nuestros conocimientos y nuestro espíritu, así como talleres o personas que pueden enseñarnos infinidad de cosas. Sin embargo, para que el conocimiento esté completo, debes volverte un experto en tres áreas.

1 En la gente: hay que aprender cómo dirigirse a las personas, cómo relacionarnos con ellas y qué transmitirles.

2 En el arte de comunicar: ya sea de manera oral o escrita, o mediante el arte, la música u otras manifestaciones. QUIEN DOMINA LA COMUNICACIÓN, DOMINA AL MUNDO. HAZTE OÍR. DEDÍCALE HORAS DE PREPARACIÓN.

3 En el conocimiento personal: conoce tus virtudes, tus talentos, pero también tus debilidades, para que puedas transformar cualquier adversidad en la fuerza necesaria para continuar.

Para desarrollar este último conocimiento, hay que aprender a contestar la pregunta: ¿quién soy? Y, lo más importante: ¿quién quiero ser? Eres capaz de construir un ser humano mejor dentro de ti. Por ello, invierte en tu mente. Llena tu cerebro de información valiosa para que después colmes tu vida de beneficios personales. Los conocimientos que adquirimos no son solo información que viene en libros o que está en internet, también IMPLICAN EL DESARROLLO DE NUEVAS HABILIDADES, ASÍ COMO EL APRENDIZAJE DE COSAS QUE JAMÁS NOS HUBIÉRAMOS IMAGINADO. Y no solo están relacionados con la parte profesional. Recuerda evitar ver tu vida únicamente desde una de las áreas que la integran. Lo laboral es parte de ella, pero no lo es todo, así que debes alimentarte con diferentes conocimientos que apliquen para los distintos ámbitos de tu vida.

¡PRACTICA!

Este paso se trata de elegir una actividad que no esté relacionada con tus objetivos en lo absoluto y que tampoco se vincule con tu personalidad. Te dejaré unas opciones, pero también puedes escoger por tu cuenta cualquier otra, siempre y cuando optes por una que sea contraria a tu personalidad e intereses.

Si eres introvertido...

Elige un curso en el que aprendas cómo hablar en público o de artes escénicas. Lo esencial es que te des la oportunidad de aprender algo nuevo que te ayude a transformar tus debilidades en fortalezas. Lo más importante: finaliza el curso. Recuerda que debes ser constante para poder conseguir lo que deseas.

Si eres extrovertido...

Busca un taller intensivo de meditación o de yoga. Si el desplazamiento te resulta difícil, existen aplicaciones para el celular o cursos en línea gratuitos que puedes llevar a cabo cuando llegues a tu casa. LO IMPORTANTE ES QUE DESARROLLES NUEVAS APTITUDES A TRAVÉS DEL APRENDIZAJE DE NUEVOS TALENTOS.

La intención de estos ejercicios es demostrarte que eres capaz de aprender cualquier cosa, incluso cuando te incomoda o no está relacionada con lo que más te gusta. De esta forma te será mucho más sencillo trasladar este paso a tus propios objetivos. Es decir, a partir de aquí podrás responder a la pregunta: ¿QUÉ TENGO QUE APRENDER PARA REALIZAR MIS OBJETIVOS? ¿QUÉ CURSOS, TALLERES, NUEVAS LECTURAS O TIPOS DE PERSONAS DEBO CONOCER PARA CONSEGUIR MIS METAS? ¿Qué nuevos talentos necesito desarrollar? Busca toda clase de cursos, o incluso pasatiempos, que te ayuden a desarrollar nuevos conocimientos y habilidades.

Sobre esto, hay una frase maravillosa que se le adjudica a Mahatma Gandhi, el gran pacifista de la India, y que va en sintonía con lo que quiero transmitirte respecto a la importancia del conocimiento: "Vive como si fueras a morir mañana, aprende como si fueras a vivir para siempre". Comienza a desarrollar nuevos talentos desde hoy mismo, ¡imagínate algo que nunca te has atrevido a hacer y solo hazlo!

Cualquier cosa que quieras lograr en la vida, no

la dejes solo en tu mente: ¡actúa! Las acciones son muy poderosas y en ellas se encuentra la clave para hacer los deseos realidad. Como ya lo hemos visto,

> RECUERDA EVITAR VER TU VIDA ÚNICAMENTE DESDE UNA DE LAS ÁREAS QUE LA INTEGRAN.

aprender no sirve de nada si no lo llevas a la práctica. Y esta última viene acompañada de la constancia, la perseverancia y la determinación. No temas equivocarte, ya que los errores son una virtud que podemos aprovechar muchísimo. Utiliza toda la fuerza que has venido construyendo alrededor de tu persona y lánzate a vivir lo que te has imaginado.

Este paso clave, y el siguiente, sobre la trascendencia, van de la mano, por lo que al final hallarás el último ejercicio que servirá para completar tu entrenamiento en el método de los genios. Falta poco, continúa y recuerda siempre que hay dos tipos de seres humanos en este mundo: LOS QUE VIVEN SOÑANDO, PERO SU VIDA ES SOLO UN SUEÑO; Y LOS QUE VIVIMOS TODOS LOS DÍAS NUESTRO SUEÑO HECHO UNA REALIDAD. ¿CUÁL DE LOS DOS QUIERES SER?

TRASCIENDE

Todo aquello que haces, hablas, piensas y deseas repercute en ti, en los demás y en el mundo en el que vives. Por eso, ES INDISPENSABLE QUE CONSTRUYAS TU PROYECTO DE VIDA RESPETÁNDOTE A TI MISMO, a los otros y al planeta. Reconocer el impacto que tenemos en todo lo que nos rodea implica una enorme responsabilidad, repercute en nuestros actos y, sobre todo, enriquece la visión que tenemos de la vida. Trascender va más allá de uno mismo, significa que vas a dejar una huella en alguien más y vas a lograr algo extraordinario: una profunda satisfacción por lo que haces. Esto no tiene precio. Por ejemplo, la gente me pregunta: "Omar, ¿tú eres millonario?". Y yo les contesto: "No, soy multimillonario, porque he recibido millones de sonrisas, de aplausos y de agradecimientos, y de eso me alimento día a día. Eso es lo que me hace ser el humano que soy: feliz y comprometido con ayudar al individuo y al mundo en el que vivo. Mi intención es trascender". Si logras trascender en un solo individuo, con eso cumples tu misión en la vida. Hay que tratar de dejarle una enseñanza al otro para que sea una mejor persona. La satisfacción de tener la vida que siempre quisiste debe ayudarles a otros como inspiración. Eso es trascender, y es algo que solo los grandes han logrado en la historia de la humanidad. LO MÁS EXTRAORDINARIO ES QUE TÚ ESTÁS EN ESE CAMINO, EN ESA BÚSQUEDA. ASÍ QUE AHORA PREGÚNTATE: ¿CÓMO QUIERES TRASCENDER EN TU VIDA?

¡PRACTICA!

Este ejercicio es el más sencillo y placentero de todos, aunque dependerá de ti si quieres darte la oportunidad de vivirlo o no –aunque, de corazón, espero que sí–. Deja todo lo que tengas planeado hacer para esta semana, cualquier responsabilidad, y tómate al menos un par de días para estar contigo o con la gente que amas. Antes de poner cualquier pretexto, encuentra soluciones para poder darte estos días. Sé creativo y halla las formas de llevarlo a cabo.

Por cierto, no se trata de que dejes a tu familia o renuncies a tu trabajo. ¡Para nada! La idea es que te tomes este tiempo y el espacio para poder despejar tu mente, y así empezar a llevar a la acción tus sueños. Date la oportunidad de alejarte del mundo cotidiano para que puedas observar cada aspecto de tu vida con más claridad y calma.

RECUERDA QUE ALGUIEN EXTRAORDINARIO ES AQUEL QUE TIENE UN PROYECTO DE VIDA Y ESTÁ DISPUESTO A LUCHAR POR ELLO; es quien torna cualquier circunstancia a su favor y en beneficio de los demás.

Explotar la genialidad que llevas dentro y ser feliz es una actitud ante la vida. Estoy seguro de que tú tienes lo que se necesita para conseguirlo. ¿Qué esperas? ¡Haz posible la vida que has anhelado!

EPÍLOGO

Querida amiga, querido amigo, hemos llegado al final de este viaje juntos, pero ahora comienza uno mucho más espectacular para ti: el de la absoluta posibilidad, el de cumplir todo lo que te propongas y, sobre todo, el de poder realizar la vida que siempre quisiste.

Te agradezco profundamente la disposición, la paciencia y el compromiso de leer *Haz posible lo imposible*. De mi parte, mantengo mi promesa, y más aún ahora que has llegado al final, de que el tiempo que le dedicaste te dará frutos. Te aseguro que, al adoptar este plan de calidad humana y de desarrollo continuo, serás la persona que siempre has anhelado.

Ya has hecho modificaciones importantes en tu persona, pero otras te quedan por hacer. ¡Tienes que continuar con tu transformación siempre, cada día, constantemente! Solo recuerda proponerte ser mejor todos los días y ya no repitas: "Así soy y así me moriré". Hacer posible lo imposible requiere de un trabajo permanente, y existen infinidad de recursos que te pueden ayudar a ser alguien extraordinario.

Me gustaría que esta fuera una de las grandes enseñanzas de haber leído este libro y que sepas que, además de haber aprendido a aplicar el método de los genios, también puedes tomar cursos de nuevos temas, talleres, etc. ¡NO TE CONFORMES CON LO QUE ERES HOY! ALCANZAR NUESTROS SUEÑOS REQUIERE DE UN GRAN TRABAJO DE DESARROLLO PERSONAL.

Por eso, no olvides que, para revelar lo mejor de ti, debes conocer tus fuerzas y tus limitaciones. A esta virtud yo la llamo *humildad*. Ser humilde significa, también, saber para lo que eres bueno y para lo que necesitas esforzarte mucho más.

Regresa a tu origen, a lo profundo de ti, a lo que querías ser de pequeño, a los sueños originales que tenías cuando eras niño, porque en ellos se encuentran las semillas de tu genialidad, pero haz de este acto algo constante. ¡Aprovecha que estás vivo!

Ya estás listo para tener tu propia voz y hacerte escuchar. Pero si en algún momento sientes que te desvías de TUS PROPÓSITOS, no te preocupes: respira profundo y trae a tu realidad la creencia de que es posible lo imposible. Quizá haya momentos más complicados que otros, pero en esos instantes recuerda siempre dar un esfuerzo más, dar un poco más de ti, como si estuvieras en un maratón a punto de llegar a la meta: no claudiques, respira, concéntrate en que sí es posible conseguir lo que te propongas, y continúa. Recuerda, también, que puedes volver a este libro todas las veces que quieras. ¡Transfórmalo en una herramienta de consulta y una guía permanente que puedes utilizar siempre!

Supera tus propias expectativas y no dudes en ningún momento de tu grandeza y capacidad de cambiar. Véncete a ti mismo constantemente, lucha en contra de tus caprichos, de los impulsos autodestructivos, para que te fortalezcas y así derrotes tus temores. Y no olvides jamás que puedes ser tu mejor aliado: háblate con amor, pero sin ser demasiado complaciente. ENCUENTRA EL EQUILIBRIO EN TU MANERA DE RELACIONARTE CONTIGO MISMO, PORQUE AMAR TAMBIÉN IMPLICA PONER LÍMITES.

Para cerrar, me gustaría retomar una de las enseñanzas que me dejó el gran científico Stephen Hawking, porque va muy acorde con lo que quiero dejarte cuando cierres este libro: "Sin los errores, el universo no existiría". Por lo tanto, ¡por supuesto que está bien equivocarse! Los errores son parte de la perfección; los equívocos que has tenido conforman tu universo. Por ello, ten la vida que deseas, la que quieras: ¡haz posible lo imposible! ¡Tu momento es ahora!

¡TU OPINIÓN ES IMPORTANTE!

Escríbenos un e-mail a
miopinion@vreditoras.com
con el título de este libro en el "Asunto".

Conócenos mejor en:
www.vreditoras.com
f **Facebook.com/vreditoras**